Conocimiento

CW00484790

Temas de educación
Colección dirigida por César Coll

Últimos títulos publicados:

Adolfo Perinat

Conocimiento y educación superior
Nuevos horizontes para la universidad del siglo XXI

PAIDÓS
Barcelona • Buenos Aires • México

Cubierta de Ferran Cartes y Montse Plass

Quedan rigurosamente prohibidas, sin la autorización escrita de los titulares del *copyright*, bajo
las sanciones establecidas en las leyes, la reproducción total o parcial de esta obra por cualquier
método o procedimiento, comprendidos la reprografía y el tratamiento informático, y la
distribución de ejemplares de ella mediante alquiler o préstamo públicos.

© 2004 de todas las ediciones en castellano,
   Ediciones Paidós Ibérica, S.A.,
   Mariano Cubí, 92 - 08021 Barcelona
   http://www.paidos.com

ISBN: 84-493-1665-3
Depósito legal: B-40.391/2004

Impreso en Hurope, S.L.
Lima, 3 - 08030 Barcelona

Impreso en España - Printed in Spain

SUMARIO

AGRADECIMIENTOS

Ningún libro se gesta en el vacío. Éste no es sólo fruto de la experiencia universitaria del autor sino que sus temas han sido objeto de diálogo y discusión con doctorandos y colegas concernidos por la renovación docente universitaria. Agradezco particularmente a la profesora Maite Martínez, de la Unitat d'Innovació Docent en Educació Superior de la Universidad Autónoma de Barcelona su valiosa documentación y sus atinados comentarios sobre varios puntos aquí tratados. Agradezco también a los profesores Juan Monreal, de la Universidad de Murcia, y Conrad Izquierdo, de la Autónoma de Barcelona, la atenta lectura del texto y las sugerencias que me han hecho. Agradezco finalmente a los doctorandos de la Universidad Autónoma de Barcelona, de la Universidad del Valle de Cali (Colombia), de la Universidad de los Andes (Mérida, Venezuela), de la Universidad Central de Venezuela (Caracas) y de la Pontificia Universidad Católica de Perú (Lima), su interés y su abierta participación en los cursos en que expuse esta temática.

Barcelona, primavera de 2004.

PRESENTACIÓN

Este libro es un forum. Un forum es un lugar de la *polis* donde la gente habla, discute e intercambia pareceres. Pero un forum es también una encrucijada en la mente del autor. Es el punto de encuentro y de contraste entre sus diversas experiencias que trata de articular en un discurso coherente. Para que el forum (en su primera acepción) cumpla la función manifiesta de detonar el intercambio de puntos de vista es preciso que el discurso sea enunciado y, hasta cierto punto, que esta enunciación se haga con algunos tintes provocativos. Intentaré, en esta presentación, bucear en la génesis del amplio abanico de ideas acerca de la universidad y sus funciones que ha ido germinando en mis treinta largos años de experiencia de profesor universitario. Enseguida estas ideas entrarán a constituir la trama de los diversos capítulos cuerpo del libro. El hilo conductor de su primera parte es la cultura institucional universitaria. Justificaré por qué escojo este ángulo de visión. En la segunda parte, amplío considerablemente esta mirada y mi preocupación es el tema del conocimiento y la formación del espíritu crítico por parte de la universidad en una sociedad en profunda y acelerada evolución hacia no se sabe dónde.

El texto que se despliega en este libro tiene dos pretextos (o pre-textos). Uno de ellos, quizás el más hondo, es la experiencia de vida universitaria de quien lo escribe. No son unas «memorias» ni, menos aún, una autobiografía. Son los retazos de vivencias, satisfacciones y, sobre todo, desencantos por cómo han ido transcurriendo años de profesión universitaria sin que la institución —pese a las oportunidades que ha tenido— haya sabido reflexionar autocríticamente sobre la formación que imparte. El segundo pretexto —el más cercano en el tiempo— son los cursos de doctorado que a lo largo de tres años he ido dictando en la Universidad Autónoma de Barcelona y también en las Universidades del Valle de Cali (Colombia), la Universidad de los Andes (Mérida, Venezuela) y la Universidad Central de Caracas. Su título y temática eran *Comunicación y trasmisión/adquisición de conocimientos*, dentro de la institución escolar en sus niveles de enseñanza secundaria y superior. Lo que pretendía ser el análisis de los procesos psicosociales de comunicación en el aula o del discurso de los profesores se ha ido expandiendo para poner un mayor énfasis en el contexto institucional que envuelve al proceso de trasmisión/adquisición de conocimientos. Como todo fenómeno psicosocial, la comunicación profesor-alumnos puede contemplarse en diferentes planos, desde el más «micro» al más «macro». El primero se concentraría en el aula y estudiaría la «actividad conversacional» que allí tiene lugar; puede interesarse por el discurso del profesor, por las intervenciones de los alumnos, por su asimilación de los temas, su rendimiento académico, etc. Analiza «textos» (hablados, escritos, interlocutores que los producen) y lo hace con el propósito de determinar cómo se da (o no) una efectiva trasmisión/adquisición de los conocimientos que imparte la institución escolar en todos sus niveles. Es una primera aproximación a cómo la universidad (o cualquier grado de enseñanza) elabora y trasmite un cuerpo de conocimientos que —se postula— tienen trascendencia social.

Pero, aunque necesaria, es una aproximación insuficiente. La docencia en todos sus niveles está intensamente institucionalizada, y una institución, en cuanto tal, contextualiza el discurso que allí se produce y los comportamientos de las personas que la integran. Quiero decir que confiere significaciones específicas al conocimento (conocimiento «académico») y a muchos modos de proceder de sus personajes que, fuera de ella, cobran otro aspecto. Exponer un tema en el aula ante los demás no es lo mismo que discutirlo con un grupo de compañeros. Estudiar un tema para examinarse no es lo mismo que recopilar información sobre éste (en internet o libros) por el placer de conocer. De manera obvia, podría extenderse esta consideración a la «resolución de problemas»: los planteados en el ámbito escolar no tienen el mismo significado que los que hay que resolver en un proyecto de ingeniería. En el *ámbito institucional* escolar se ha creado una *cultura* que confiere un *sentido específico* a todo lo que pasa allí dentro.

Hace ya unos cuantos años, un experto internacional en educación (Husén, 1988) escribía sobre la necesidad de protegerse contra una deformación profesional característica de bastantes educadores: «Abordar los problemas educativos desde la estrecha perspectiva del aula escolar en lugar de hacerlo desde una perspectiva social amplia». Hay que alzar el vuelo por encima de una visión de la educación escolar excesivamente obsesionada por el aula, por la persona del maestro o profesor y por los procedimientos pedagógicos que emplean para cumplir con sus funciones docentes y educativas. La concepción del Espacio Europeo de Enseñanza Superior ofrece un contrapunto innovador a esa visión estrecha y limitante.

La pesantez institucional queda patente cuando asigna roles, establece normas, sanciona jerarquías, organiza el tiempo, juega sobre la oposición de saber/ignorar, incluso cuando se abre a formas de participación por parte de la comunidad universitaria. Pero la institución ejerce también un control mucho más sutil, menos visible, sobre lo que constituye un cuerpo de conocimientos. La universidad establece, por decirlo así, *un canon del conocimiento*. El problema no radica en que haya una instancia que trace la línea entre conocimiento legítimo y conocimiento espúreo (aunque sea la línea *previamente trazada* la que determina ambas categorías); esta instancia debe existir. Uno de los grandes logros de la tradición universitaria es haber creado una arquitectura disciplinar. Lo preocupante es que la universidad asuma su función de separar el grano de la paja con prepotencia cuando gran parte de la labor discriminatoria está animada por la estrechez de una visión disciplinar o por los intereses más o menos confesables de un gremio de expertos. En el campo general del saber y en la vida cotidiana de un curso universitario esto tiene consecuencias que incitan a la reflexión. De ellas trataré en su momento.

La universidad, concretamente la española, ha sido y es objeto de certeros análisis por sociólogos, historiadores, economistas, psicólogos y pedagogos. Hay numerosos estudios de su historia, su legislación y su organización; se proclaman sus objetivos, sus funciones o su misión (término un tanto grandilocuente en Ortega y Gasset, 1930); se discute su influencia en el ámbito económico nacional; se analizan sus *curricula* y el reclutamiento del profesorado, y periódicamente las autoridades ministeriales se lanzan a la mejora de unos y otros con resultados más que discutibles. Llama la atención, sin embargo, que apenas existan análisis que enfoquen la universidad y su antesala, la enseñanza secundaria, como institución que posee una cultura *sui generis* y multisecular por añadidura. Esa cultura se plasma en la organización del espacio y del tiempo, en la reglamentación, en las normas (muchas de ellas implícitas) por las que se rigen las relaciones entre profesores y alumnos, en los modelos de actuación profesoral, en los signos de prestigio académicos, en la escala de valores que afecta a las carreras, etc. Todo esto, me permito insistir, *no es algo extrínseco al cultivo y la trasmisión del conocimiento*, función primordial de la universidad, sino que lo impregna dándole carácter de *académico* (adjetivo no siempre laudatorio).

Es sumamente importante caer en la cuenta de que los niños, desde muy chiquitos, son modelados (socializados es el término más preciso) para adaptarse a la cultura escolar y asumen como la cosa más natural del mundo que en la institución escolar hay que comportarse como «hay que comportarse», así como que lo que allí se asimila pertenece a un ámbito más o menos próximo a la «realidad». Hannah Arendt (citada por Pérez Díaz, 2001, pág. 27) «interpretaba la educación como la trasmisión de una herencia entre las generaciones». Esta herencia no es sólo el conocimiento sino también los modos, culturalmente decantados, que actualizan su trasmisión. Sin ir más lejos, y como ejemplo, la clase magistral.

Una reflexión sobre la cultura de la institución escolar en sus niveles universitario y preuniversitario parece sumamente necesaria en un momento en que la universidad española se abre a las directrices (o sugerencias) de la Comunidad Europea dentro del recién bautizado Espacio Europeo de Enseñanza Superior (EEES). Una somera lectura de las sucesivas declaraciones que lo han ido perfilando (La Sorbona, 1998; Bolonia, 1999; Salamanca, 2001; Graz, 2003, Berlín, 2003) y también del Real Decreto del Ministerio de Educación (septiembre de 2003), así como de la Conferencia de Rectores de las Universidades Españolas

(CRUE), apunta a unas transformaciones de la universidad en absoluto minimizables. Aquí quiero plantear no tanto las que atañen a sus *curricula* cuanto a las que afectan a los profesores y al alumnado como personas en relación inmediata: ante todo a su mentalidad y consecuentemente a su modo de comportarse recíprocamente. Si no hay un cambio en los modos de pensar, de representarse la relación profesor-alumno, de atribuir/asumir responsabilidades, de posicionarse frente al saber, la reforma de la institución no pasará del nivel de las buenas intenciones.

¿Qué directrices se perfilan como básicas en la construcción del Espacio Europeo de Educación Superior y que va a tener que adoptar la universidad española? Aunque a lo largo del libro van a ir siendo enunciadas oportunamente, vale la pena hacer un *spot* preliminar que sirva de marco a las reflexiones que siguen. Creo que la fundamental es que *transfiere la gestión de los estudios y el aprendizaje a los propios estudiantes*. La Declaración de Graz (2003) habla de «reestructurar y desarrollar los *curricula* con el objetivo de crear vías de aprendizaje, incluyendo el aprendizaje a lo largo de toda la vida, flexibles y *centrados en el alumno*». Y la Conferencia de Rectores de las Universidades Españolas (CRUE) apuesta por una «renovación de metodología y el enfoque del desarrollo de las enseñanzas, *desplazando el énfasis hacia el aprendizaje y la perspectiva de los estudiantes*». Para propiciar este desplazamiento de gestión y responsabilidades laborales se crea un instrumento: el Crédito Europeo, «una medida del haber académico que representa la *cantidad de trabajo* del estudiante para cumplir los objetivos del programa de estudios y que se obtiene por superación de cada una de las materias que integran los planes de estudios [...]. En esta unidad de medida se integran las enseñanzas teóricas y prácticas, así como otras actividades académicas dirigidas, con inclusión de las horas de estudio y trabajo, que el estudiante debe realizar para alcanzar los objetivos formativos propios de cada una de las materias del correspondiente plan de estudios» (Ministerio de Cultura, Educación y Deporte, Real Decreto 1.125/2003).

Una primera pregunta (ingenua) que salta al paso es: ¿pero no son justamente los aprendizajes —la adquisición de conocimientos— la labor, *personal e intrasferible*, de los estudiantes (aprendices)? Parece ser que no… Según se desprende de varios documentos, nacionales y europeos, el trabajo hoy en día recae mayoritariamente sobre los profesores;[1] por lo que se ve, se trata de que sea asumido por los alumnos (¿mayoritariamente?). Creo que hay aquí un lamentable *quid pro quo*: los profesores trabajan preparando e impartiendo sus cursos y esto está bastante planificado (*curriculum* y programación de cursos lectivos). En contrapartida, el trabajo de los estudiantes, salvo asistir a las clases, han de organizárselo ellos. Pero en lo que respecta a aprender (comprender, asimilar, memorizar, solventar dudas, etc.), eso ha sido y siempre será algo que compete al estudiante. Lo que plantean los estrategas de la educación europea (y que ha de leerse entre líneas) es otra manera de entender, por parte de los profesores y de los estudiantes, *la modalidad de trabajo* y la *responsabilidad,* oficialmente reconocida, que han de asumir estos últimos.

En términos psicosociales lo que cambia es *la relación* que los profesores y estudiantes establecen en torno a la tarea insoslayable de *adquirir conocimientos*. Implica, ante todo, un cambio de hábito en los estudiantes: hasta aquí su trabajo se concentraba ante los exámenes; ahora deberá *distribuirse visiblemente* porque va a ser objeto de evaluación en sus diversas modalidades (enseñanzas teóricas y prácticas, biblioteca, tutorías, forums, trabajos puntuales, etc.). No implica, como se deduce de lo anterior, un recorte de trabajo en los profesores; todo lo contrario: deberán planificar con mayor finura sus lecciones y orientaciones al efecto de que los alumnos protagonicen parte del trabajo que antes realizaban (sustitutivamente) los profesores (por ejemplo, recopilación de informacion); deberán dedicarles más atención personal (tutorías) para discutir y evaluar sus logros, y seguirán obligados a examinar y calificar. Simultáneamente habrán de cambiar *las representaciones* que tienen los alumnos del papel de los profesores y recíprocamente: de «magister», más o menos distante, a orientador y acompañante en los aprendizajes; de sujetos pasivos y conformistas a participantes activos y responsables. Y, gracias a ese fascinante juego de espejos que nos lleva a vernos a noso-

---

1. Un documento interno de la Universidad Autónoma de Barcelona lo reconoce explícitamente: «El sistema de crédito europeo sitúa el trabajo del estudiante en el punto central de la programación académica mientras que en la actualidad la programación recae sobre la actividad docente del profesor». *La UAB i la creació de l'EEES,* 2002.

tros mismos como los demás nos ven, cambiará la imagen que profesores y estudiantes tienen de sus personas y roles.

La segunda parte del libro intenta contextualizar las exigencias que plantea el EEES a la universidad en el marco social más amplio de la sociedad actual, francamente orientada hacia al progreso tecnológico y la competitividad económica. Las exigencias van en dos direcciones convergentes: que las titulaciones sean homologables o, lo que es lo mismo, que un titulado por una universidad de la UE pueda ejercer su trabajo en cualquier Estado de la misma. Para ello hay que redefinir o ajustar los diversos *curricula* haciéndolos «trasparentes». Pero redefinir los contenidos de las carreras es, una vez más, meterse en las arenas movedizas de establecer unos cánones del conocimiento. La segunda dirección apunta sutilmente hacia los criterios que inspiran este canon. El EEES se propone como uno de sus objetivos «mejorar la competitividad del sistema de enseñanza superior europeo» (Declaración de Bolonia, 1999). ¿Competitividad con respecto a qué o a quién?¿En qué ha de ser más competitivo? En la declaración de Graz (2003) se habla del «desafío de la competencia global». El Mensaje de la Convención de Instituciones Europeas de Enseñanza Superior (Salamanca, 2001) añade: «La adecuación de la enseñanza a las necesidades del mercado laboral deberá reflejarse convenientemente en los *curricula*». Son dos las palabras clave: *mercado* (laboral) y *competitividad*. Desde el punto de vista político son las adecuadas, pero no son tan inocentes como parece darse a entender. Las exigencias de la UE en materia de educación superior echan sus raíces en una concepción del conocimiento orientada preferentemente a la innovación tecnológica (o a su contrapartida, el progreso económico) y, correlativamente, a la creación de empleos en los sectores de producción más «limpios» y avanzados. De aquí no hay que concluir que las enseñanzas de carácter social, humanístico o artístico hayan de eliminarse o dejar que desaparezcan. Simplemente, en el panorama del conocimiento, no tienen la misma consideración que las de proyección tecnológica. La medicina, el derecho, la economía seguramente seguirán adelante en su andadura. La historia, la antropología, la psicología, la lingüística y la geografía puede que tengan que justificar en qué contribuyen a la creación de riqueza.

En los documentos de la Comunidad Europea y el coro de comentarios que han suscitado subyacen ciertos puntos neurálgicos que no podemos pasar por alto. Se refieren, bien que indirectamente, al estatus del conocimiento académico (¿universal o particular?, ¿teórico o centrado en la práctica?...), al perfil de graduado que dejan entrever (¿qué significa «competente», «flexible», dotado de «skills»?), a las funciones de la enseñanza superior (¿iniciación en las disciplinas académicas o responder a «los desafíos de la competencia global»?). Hay quien opina (Barnett, 1997) que lo que está en juego es, ni más ni menos, que una trasformación a fondo de las relaciones entre conocimiento, educación superior y sociedad. Entrar a fondo en estos temas exige muchas más páginas que las que podemos dedicarles aquí. Pero no estará de más abrir un debate si es que ello puede concienciar a la comunidad universitaria para que tome parte activa en esta redefinición, que parece exigírsele, de su papel en la sociedad.

Bibliografía

Barnett, R., «Beyond competence», en F. Coffield y B. Williamson (comps.), *Repositioning Higher Education*, Open University Press, 1997.

Husén. T., *Nuevo análisis de la sociedad del aprendizaje*, Barcelona, Paidós, 1988.

Ortega y Gasset, J. (1930), *La misión de la Universidad*, Madrid, Revista de Occidente, 1968.

Pérez Díaz, V., *Educación superior y futuro de España*, Madrid, Fundación Santillana, 2001.

PRIMERA PARTE

LA CULTURA INSTITUCIONAL UNIVERSITARIA: EL LEGADO DE LA TRADICIÓN

1 CULTURA Y SOCIALIZACIÓN EN LOS ÁMBITOS ESCOLARES

Las últimas décadas del siglo XX han alumbrado en diversos países europeos reformas de enseñanza a todos los niveles. Mayo de 1968 fue un hito y puede muy bien figurar como punto de partida. En España, a nivel universitario, hemos tenido la Ley General de Educación de 1970, la LRU de 1983 y recientemente la LOU (2001). Y ahora llega la inserción del sistema universitario español en el Espacio Europeo de Enseñanza Superior (Real Decreto 1.125/2003).

Las reformas (o reformulaciones) que han precedido al proyecto del EEES en España han sido maduradas por expertos, han sido luego discutidas y, algunos años más tarde, evaluados sus resultados. Como no han conseguido hacer funcionar de manera satisfactoria el sistema escolar, siguieron otras reformas y siguen planeándose otras más. ¿Qué pasa con el sistema escolar que está siendo con tanta asiduidad objeto de reformas y no consigue responder satisfactoriamente a las demandas de la sociedad que las promueve? Un buen punto de partida para nuestra indagación es adoptar una perspectiva sistémica, que invita a considerar el sistema escolar dentro de, y en su relación con, otros subsistemas que configuran la sociedad. ¿Se puede conseguir un sistema escolar formador con el trasfondo de crisis que sufre la familia tradicional? ¿Se puede conseguir un sistema escolar atractivo para los chicos y chicas cuando se ven solicitados por unos medios de comunicación que les presentan un mundo de deslumbrantes posibilidades, mucho más cercano a sus intereses? ¿Se puede conseguir un sistema escolar eficiente cuando los presupuestos estatales son insuficientes o mal repartidos? ¿Se puede conseguir un sistema escolar que responda satisfactoriamente a todas las demandas y exigencias que le son planteadas desde estratos sociales tan dispares como la familia, el mundo del empleo, la tecnología, el profesorado, etc.?

Las reformas escolares suelen centrarse en los *curricula*, pero el *curriculum* ideal y el consenso en torno a éste es punto menos que imposible. ¿Ha de darse cada vez mayor peso a los cursos de ciencias en vista del auge innegable de la tecnología? ¿Ha de haber un cuerpo de asignaturas «troncales» y, junto a ellas, otras a elección?¿No son —se arguye razonablemente— muy necesarias las humanidades como contrapeso a la hipervaloración tecnológica? ¿Han de ser iniciados los chicos y chicas de secundaria en disciplinas como la ética, la formación cívica, la educación sexual, etc.? ¿Cuál es el grado de especialización de cada nivel de aprendizaje en relación con los que vienen a continuación y a lo que vendrá más tarde (vida profesional)? ¿Ha de ser existir una formación a corto plazo encaminada a adiestrar en los oficios frente a otra, a más largo plazo, que se abra hacia las carreras universitarias como (ingenierías, ciencias, economía, derecho…)? Es otra obviedad reconocer que ninguna de estas cuestiones o alternativas es neutra: todas están ideológicamente contaminadas y todas tienen trascendencia social. Se inscriben en lo que Jerome Bruner (1997, véase el capítulo 4) llama «antinomias de la educación». La resolución de éstas nos traslada al campo de la política.

El malestar que siente la sociedad con respecto al sistema escolar no puede honestamente atribuirse *sólo al profesorado*, que, a todos sus niveles, es hoy día más competente que nunca. Puede discutirse en abstracto si los profesores han de verse a sí mismos como simples trasmisores de conocimientos o bien han de asumir un papel de educadores. Desde el ángulo psicológico (no hace falta recurrir al pedagógico) lo primero es inseparable de lo segundo. En el campo de la interacción profesor-alumno y con vistas a una mayor eficacia en la trasmisión/adquisición de conocimientos, la psicología ha hecho excelentes aportaciones en los últimos tiempos. Algún autor, un tanto sectariamente me parece, habla incluso de la «psicologización» de la enseñanza. Ha tomado auge, a partir de la década de 1980, la psicología de la educación y se ha inventado una rama profesional denominada la psicopedagogía. Se han centrado en temas como la motivación para el estudio (o la escuela), la disciplina escolar, el rol de profesor, las estrategias de aprendizaje, etc. Es lo que globalmente se denomina *interacción profesor-alumno en el ámbito escolar*. El supuesto es que hay que optimizar esta interacción tanto en su dimensión puramente relacional como con vistas a la inculcación de conocimientos. La psicología de la educación es un llamamiento a los profesores y también a los alumnos. También es un programa. Su talón de Aquiles es que a estos últimos les llega esta llamada a la cooperacion (sin ella finalmente no hay accion pedagógica) a través de los primeros. O sea, se trasmite en la relación misma; no consigue sus efectos si sólo aparece como parte de un discurso no refrendado por un talante de educador.

Resulta evidentemente más operativo, y encierra mayores promesas a corto plazo, actuar sobre el profesorado y los alumnos que sobre el entorno del sistema escolar aun a sabiendas de que éste es determinante. Por tanto, el ímpetu de la psicología de la educación y el refinamiento de las metodologías de enseñanza (didácticas) tiene su justificación, por lo menos a los ojos de los que las promueven con tanto ahínco. Pero se pasa por alto que la acción docente está ubicada (contextualizada) dentro de la *cultura de la institución escolar* —una cultura *sui generis*— y que ésta posee un papel determinante, como matriz en la que se configuran la organización de la enseñanza (*curricula* y reglamentos), las relaciones dentro de la comunidad escolar, las representaciones recíprocas del papel de los docentes y discentes, el peso y la modalidad de las evaluaciones (exámenes), los signos y expectativas de triunfo y fracaso escolar, el comportamiento normal y el desviado, etc. Un análisis de esta cultura se nos antoja imprescindible, no tanto como crítica al reduccionismo de la psicología de la educación cuanto para que los docentes y discentes tomen conciencia de que el contenido de sus aprendizajes está inextricablemente mezclado con el de las prácticas instituciones en la que están inmersos.

1. Cultura y cultura escolar

Comienzo con una aproximación genérica a la cultura de las instituciones y, más concretamente, la escolar. La cultura son hábitos de comportamiento, trabajo y medios de subsistencia, estilo de relaciones humanas, recursos tecnológicos, creencias, etc. No es una enumeración exhaustiva. Todos estos aspectos que asumen las personas (ya sea dentro de la sociedad, ya sea en el seno más reducido de las instituciones) implican que su existencia está «orientada hacia» unas metas más o menos difusas. Estas últimas son *representaciones simbólicas* de lo bueno y deseable y por tanto están impregnadas de *valores*.

La cultura no son sólo aquellos rasgos objetivos que el antropólogo o el sociólogo constata y traslada a su «cuaderno de campo». La cultura tiene un aspecto subjetivo. Es decir, al desempeñar sus papeles las personas de una sociedad —papeles definidos en y por la cultura—, siguiendo normas, obedeciendo y cultivando las creencias y valores de su ámbito cultural, se ven a sí mismos partícipes, miembros plenos de la vida en un grupo organizado. Interpretar un papel lleva, casi necesariamente, a interpretarse uno mismo de determinada manera; se trata de un proceso de alimentación positiva (*feed forward*). Extender esto a la cultura escolar lleva a que atribuyamos una intensa influencia a estas interpretaciones por cuanto son ellas las que guían las conductas recíprocas profesores-alumnos. Aunque es un lugar común reconocer la solidez de muchas prácticas culturales, solidez no equivale a inmutabilidad. Las culturas —en general y la cultura escolar concretamente— evolucionan. No son entidades reificadas: son procesos.

Las instituciones, y en particular la institución educativa (el sistema escolar), han desarrollado su cultura específica. No es algo que haya que distinguir de la actividad docente de los maestros y de los aprendizajes de los discípulos, sino que impregna una y otros: les da su forma peculiar; caracteriza los roles y el estilo de relaciones recíprocas; induce las representaciones que los actores construyen de sus actividades, de sus metas, de lo que constituye su éxito o su fracaso; define quiénes son los integrados y quiénes los disidentes o marginales; determina hábitos de estudio; establece modos de conocimiento, e, incluso, define lo que es conocimiento. Todo esto forma parte de esa interpretación global y peculiar que los actores dan de su actividad. Los aprendizajes para la vida (no otra cosa persigue la institución escolar) se ven a través del prisma que proporciona la cultura escolar.

En un viejo artículo, publicado en 1938, el psicosociólogo Kurt Lewin, soldado en la guerra europea de 1914, rememoraba cómo él percibía el paisaje del frente de batalla. Allí donde una persona en tiempo normal advertiría unos encantadores boscajes, el soldado aterrado presentía al enemigo al acecho; más lejos, la planicie sonriente amagaba un campo de minas y, allá al fondo, en las laderas se escondían nidos de ametralladoras y cañones camuflados. Sea cual fuere la realidad del paisaje, tal como queda plasmado en una fotografía, el espectador lo re-crea con sus disposiciones: no es el mismo para un soldado que para un labriego o para un especulador de terrenos. El «paisaje escolar» es para los maestros y profesores tan *sui generis* como para K. Lewin lo era la campiña del frente de batalla. Esa visión peculiar la crea la cultura institucional.

Ahora bien, no tiene sentido entrar a valorar la cultura de una institución o una empresa como no sea para analizar si es o no es funcional en un momento dado de la evolución de la sociedad en la que se ubica. Dicho más llanamente, si las pautas que impone a sus participantes son conducentes a los efectos que pretende conseguir. Recurriendo a la conocida distinción que establece la sociología entre funciones manifiestas y funciones latentes, se trata de examinar el balance entre ambas dentro de la institución escolar.

Trazar un panorama completo de la cultura escolar resulta imposible; voy a seleccionar por tanto algunas de sus dimensiones. Me propongo comentar dos. La primera será la organización de la vida dentro del centro escolar (un instituto de enseñanza secundaria o la universidad), en la cual, de manera sutil, está implicada una concepción de la persona de los profesores a través de sus funciones y roles; correlativamente también implica una definición de la persona del alumno. La segunda dimensión presta atención a la subcultura del alumnado como respuesta «adaptativa» a las exigencias que la cultura oficial escolar impone.

2. Vida escolar, mentalidad escolar. Una lectura a través de la organización del espacio, del tiempo y de las actividades

Desde siempre el colegio y, en menor grado, la universidad han asumido como ineludible organizar las actividades que los alumnos, de todas las edades y niveles de aprendizaje, han de realizar allí dentro: organización del espacio, del tiempo, de los contenidos (conocimiento). Comencemos con el diseño del espacio de los establecimientos escolares. Es de una similaridad tan notoria que sugiere la idea de una funcionalidad bien probada. Aulas, generalmente alineadas a lo largo de un pasillo común, patio de recreo, espacios de aseo y los reservados a la administración y profesorado. Las aulas son el corazón del centro escolar. Su disposición, incluso el amueblamiento, remite a la significación que tiene el trabajo y sus requisitos de orden y disciplina. Otros espacios, y me refiero particularmente al del recreo, también son importantes pero no imprescindibles. En la fase universitaria, diversas instalaciones del campus (pistas deportivas, cafeterías, cine o teatro) cumplen la misma función del patio de recreo escolar. La distinción entre éste y las aulas es espacial y es temporal pero acaba siendo mental. Me refiero con esto último al papel que tiene el esparcimiento en la mente de los que viven la vida escolar, profesores y estudiantes. Antiguamente se decía que el recreo era para liberar energías reprimidas por la compostura y disciplina, distraerse un rato y en seguida reemprender el trabajo en mejores condiciones. Aunque esto sea cierto, por detrás asoma la idea de que el recreo ha de supeditarse al trabajo escolar (lo único auténticamente importante). El juego y la diversión, a la luz de las metas del sistema escolar, quedan así desvalorizados. La ética (protestante) del trabajo de Max Weber ha desmantelado al *homo ludens* de Huizinga.

En cuanto al mobiliario, su disposición en mesas alineadas, individuales o en parejas, es una ordenación del espacio que implica una manera de concebir el trabajo, la comunicación en clase, el orden que hay que conseguir, etc. No puedo resistirme a citar aquí a Michel Foucault que, en su libro *Vigilar y castigar* (1975), nos recuerda hasta qué punto el sistema escolar de hoy mantiene en vigor muchos de los presupuestos de la Ilustración en torno no sólo al mundo escolar, sino acerca de la naturaleza del hombre: «La organización de un espacio serial fue una de las grandes mutaciones técnicas de la enseñanza elemental. Permitió superar el sistema tradicional (un alumno que trabaja por un breve momento junto al maestro). Al asignar puestos individuales en la clase, hizo posible el control de cada alumno y el trabajo simultáneo de todos. Organizó una nueva economía del tiempo de aprendizaje. Ha hecho funcionar el espacio escolar como una máquina para aprender» (pág. 148). Uno se pregunta ingenuamente: ¿por qué no mesas en círculo con el profesor en medio? ¿Para qué el espacio entre la mesa del maestro y las de los alumnos? ¿Qué funciones tiene la tarima: encumbramiento, atalaya de vigilancia, el saber que «desciende de lo alto»...? De nuevo Foucault: «Un punto central sería a la vez una fuente de luz que ilumina todas las cosas, ese lugar de convergencia para todo aquello que debe ser sabido: un ojo perfecto al que nada se escapa y centro hacia el que todas las miradas están vueltas» (pág. 176).

Otra manera de contemplar el aula es la de un lugar donde se realiza una representación (teatral), con su escenario, su zona de espectadores y la correspondiente actuación de los personajes.[1] La figura del profesor en el aula es la de un actor en el escenario. Él es, de hecho, el protagonista. Dentro de la clase, todo gravita en torno a la actividad del profesor, personaje omnipresente que habla y expone, incentiva y motiva, llama al orden, propone trabajos, etc. Edwards y Mercer (1994) mencionan «la regla de los dos tercios»: los maestros hablan aproximadamente los dos tercios del tiempo de clase y los dos tercios de lo que hablan son exposiciones o preguntas. Es cierto que la actuación del maestro tiene por finalidad hacer actuar, a su vez, a los alumnos. Pero más cierto es aún que éstos asumen mucho más su papel de espectadores que no el de co-laboradores en la consecución de los objetivos que se adscriben a su presencia escolar. Además los papeles son totalmente disimétricos: el que sabe frente a los que no saben, el que vigila frente a los que tratan de escapar a la vigilancia, el que está motivado para enseñar frente a los poco motivados para aprender, etc. La distancia material entre el lugar que ocupa el maestro (escenario) y el espacio destinado a los

---

1. El símil puede parecer forzado pero no lo es. El aula tiene muchos puntos en común, por ejemplo, con lugares de ceremonias rituales en las que hay un oficiante y un público asistente con participación más o menos propiciada (en todo caso, siempre regulada). Una misa, un parlamento de la nación, un mitin, una junta de accionistas, los recitales de cantantes, etc., poseen todos ellos la misma estructura espacial y la misma división de roles. El «oficiante» tiene diferente estatus (conocimiento y poder) que los que asisten. Éstos escuchan, aprueban (a veces desaprueban). Simbólicamente, estas dos categorías de personajes están separadas en espacios jerarquizados: uno resalta la preeminencia de los oficiantes, otro es para la congregación de asistentes al «espectáculo».

alumnos simboliza la brecha que separa al maestro o profesor de su público de alumnos, confinados el uno y los otros en universos de intereses que sólo coinciden incidentalmente.

El profesor se representa a sí mismo como el que posee y dispensa los *conocimientos útiles*, los que constituyen el contenido del *curriculum* escolar. El calificativo de «útiles» es resbaladizo. Habría que precisar: «útiles» para qué y para quién. ¿Es la historia útil para un científico? ¿Es la psicología útil para un jurista? ¿Es la economía útil para un médico? ¿Es la química útil para un alumno de bellas artes? ¿Y las lenguas muertas para quién son útiles? El tema toca de cerca la cuestión de las asignaturas optativas o de «libre elección» (afortunadamente recuperadas ahora dentro del EEES). Las encendidas polémicas que suscitan los reajustes de *curriculum* que dejan fuera ciertas asignaturas o les asignan un papel secundario no son sólo querellas de cuerpos profesionales; encierran también opciones de formación de la mente. Me atrevo a asegurar que cualquier disciplina impartida honestamente y con competencia puede hacer aportaciones en carreras que convencionalmente le son ajenas. Esto supondría poner algo más de énfasis (¡sólo algo!) en *aprender a aprender*. En términos más técnicos, crear el hábito de la *metacognición*. Esto último tiene un lugar muy relevante en el EEES y lo trataré con detalle más adelante .

Prolongando el hilo de estos razonamiento, diré que así como cada disciplina (cada carrera) tiene un discurso exclusivo y excluyente, la institución escolar, en general, no toma en cuenta aquellos conocimientos que ella no vehicula en su discurso; más bien los desdeña. De nuevo podemos atribuirlo a la rigidez y la extensión de los programas. Pero incide también la creencia, pocas veces discutida, de que el profesor es quien detenta el conocimiento y que éste ha de ser objeto de un trasvase unidireccional. De ahí la doble consecuencia: los alumnos no aportan nada (o muy poco) a los temas que se desarrollan en clase; por su parte, el profesor adopta la actitud de quien nada tiene que aprender de sus alumnos. No resisto la tentación de traer aquí la experiencia de un profesor investigador de la altura de Hobsbawm. De sus cursos en la New School for Social Research de Nueva York hace este comentario: «En nuestras clases se mezclaban polacos, rusos, búlgaros y chinos con brasileños, españoles y turcos. Como tenían muchos más conocimientos que yo acerca de sus países y determinados campos del saber, aprendí casi tanto de ellos como ellos aprendieron de mí. Casi con toda seguridad no ha habido en ningún sitio un alumnado más diverso y estimulante que aquél». (Hobsbawm, E., 2003.) Se me objetará que era una situación especial: de «heterodoxa» la califica el propio Hobsbawm. Pero justamente eso trae el agua a mi molino: en su estadio actual la cultura escolar universitaria no se presta a intercambios de conocimientos entre profesores y alumnos. O, cuando menos, a que la intervención de éstos realimente (o redirija) las exposiciones profesorales. Esto sólo se da en centros de enseñanza que, como dice Jerome Bruner (1997), son *contraculturales* (véase el capítulo 4).

El control de los conocimientos impartidos es otra de las grandes tareas profesorales. Se ejerce como guía en el aprendizaje, el mantenimiento del orden que facilita el trabajo en clase y sobre todo en los intercambios entre profesor y alumno, sean éstos preguntas, evaluaciones cotididanas o, lo más habitual, exámenes generales que dan el paso a niveles superiores de escolaridad (o que la coronan). El examen, en cualquiera de estas modalidades, representa la «devolución» que hace un alumno al profesor de lo que éste le ha ido trasmitiendo. Como dice Foucault con su fina perspicacia, el examen viene a ser un intercambiador (*échangeur*) de conocimientos pero sólo a efectos de control. Forma parte de un «diálogo» a dos tiempos: primero el maestro detenta la palabra al impartir sus lecciones; más tarde recibe la respuesta del alumno. El examen es una garantía de que los estudiantes han adquirido los saberes que el profesor les ha trasmitido. Únicamente aquellos saberes; otros que podrían estar en relación con los mismos no cuentan. O, lo que es lo mismo, como los alumnos han aprendido que, a efectos de calificación, sólo hay que exponer «lo que se ha explicado» o «lo que viene en el texto», apenas se preocupan de buscar conexiones entre lo que se ha dicho en clase y los conocimientos que adquieren afuera. La consecuencia última es que la mayoría estudia para aprobar exámenes o para conseguir un estatus de excelencia en la jerarquía escolar. «El examen no se contenta, pues, con sancionar unos aprendizajes; es uno de sus factores permanentes» (Foucault, *op. cit.,* pág. 188). Una consecuencia de orden cultural es que no se valora el *conocimiento en sí*; tiene valor el *conocimiento para.*

Pero todavía hay más que comentar acerca de los exámenes o evaluaciones (el último término es el políticamente correcto). En bastantes facultades de humanidades, estos exámenes se hacen a la manera de preguntas muy concretas con respuestas alternativas cerradas (en la jerga universitaria se llaman «tipo test»). Uno se pregunta: ¿qué concepción del conocimiento y de la mente receptora subyace en estas pruebas? Es casi el mismo tipo de conocimiento memorístico de los concursos televisivos: se hace una pregunta y se aprieta un botón. Acierto o error. Todo conocimiento que se precie de tal ha de reposar sobre la memoria semántica, la que lo organiza en redes y en cláusulas lingüísticas; las pruebas tipo test recurren a la memoria episódica y eximen de la elaboración necesaria que lleva a cabo el lenguaje.

El agudo contraste entre la intensa actividad del profesor dentro de clase y la pasividad desmayada de los alumnos que sólo tienen que «embuchar», quedando bajo su responsabilidad el proceso de asimilación de conocimientos fuera del control profesoral inmediato (el control a largo plazo existe), es el producto de una cultura escolar que alimenta la representación de los alumnos como ignorantes de solemnidad y, en la enseñanza secundaria, reticentes al esfuerzo de aprender. Justo por esta razón, acentúa la responsabilidad de los profesores en el aprendizaje de los alumnos y les exige facilitárselo al máximo. Aquí es donde el proyecto de EEES juega a fondo. El cambio que propugna con insistencia es que la responsabilidad del aprendizaje se desplace del profesor al alumno. *Este último es quien ha de gestionar la adquisición de sus conocimientos.*

¿Por qué la cultura escolar ha distorsionado sistemáticamente este juego de responsabilidades recíprocas acentuando las de los profesores? El trabajo escolar es duro para los estudiantes y las expectativas de que lo asuman consecuentemente son escasas. Caso de eludirlo, no sufren perjuicios económicos. Las sanciones se dan, si se dan, a largo plazo. La cultura escolar, en cambio, fomenta una especie de «mística» del trabajo bien hecho en el profesor, una dedicación a los alumnos y un sentido de «ser culpable» de los fracasos escolares de sus discípulos. Consecuencia final: por más que la psicología cognitiva insista en que la construcción del conocimiento es el producto de una elaboración personal de cada individuo en intercambio con fuentes de información (profesores, textos escritos, medios de comunicación, etc.), todo pasa como si la elaboración de ese conocimiento dependiera de una fuente de información personal, facilitadora hasta el extremo que, por añadidura, se compromete a ser fuente impulsora de motivación.

La cultura escolar contribuye a esta distorsión con sus disposiciones burocráticas. Los profesores tienen asignado un número concreto de horas para impartir su asignatura. La distribución a lo largo del año escolar de las asignaturas suele ser una tarea ímproba por parte de la dirección. En mi facultad esta ordenación del tiempo y del espacio es un legajo de papeles (o pantallas de ordenador) donde aparecen las asignaturas por cursos, los grupos de alumnos en cada una, los diferentes profesores que las imparten, etc. *Todo ello son horas de clase.* Eso es la norma, eso es lo controlable, eso es —en caso de incumplimiento— lo punible. Todo ello hace pensar que lo verdaderamente importante es dar la clase (estar presente, se entiende; otra cuestión es su calidad...). Igualmente hace pensar a los alumnos que ir a la universidad es ir a clase. De hecho, los «buenos alumnos» creen que es importante asistir a clase; en la enseñanza secundaria no tienen otra alternativa. Además, han interiorizado que una de las faltas más graves es el absentismo. Si la mentalidad del alumnado es que la adquisición de conocimientos depende de la asistencia a clase, ¿qué puede esperarse de innovaciones como la enseñanza tutorizada o con propuestas como la del EEES, a saber, que más de la mitad del tiempo lectivo sea para trabajo personal de los alumnos? «La Declaración de Bolonia no define el ECTS (European Credit Transfer System) sólo como horas de clase teoricopráctica sino también como horas reales de trabajo del estudiante (estudio, biblioteca, exámenes, lecturas, confección de trabajos...). Se quiere descargar a los estudiantes de horas de presencia en las aulas [...]. Las actividades que no son de aula no pueden considerarse, como hasta ahora, tareas adicionales a las que se realizaban en las asignaturas. [Ahora] las actividades [computables como tarea de los estudiantes en el mismo nivel que la asistencia a las aulas] pueden dedicarse a refuerzo, seguimiento, resolución de ejercicios en pequeños grupos, discusión de lecturas, etc.» (Documento «La Universidad Autónoma de Barcelona y el EEES», diciembre de 2002.

En síntesis, la escuela y la enseñanza en todos sus niveles, tal como la practicamos hoy, guarda muchas reminiscencias de la escuela popular del siglo XVIII y de los colegios internados de esa misma época, los cuales, a su vez, eran remedos de los claustros religiosos. La actividad dentro de la escuela está minuciosamente reglamentada porque, dentro de la misma tradición monacal —telón de fondo de la escuela moderna— el trabajo es una virtud; la ociosidad y la pérdida de tiempo son intolerables. «Se trata de constituir un tiempo integralmente útil» (Foucault, *op. cit.*, pág. 152).[2] Consúltense al respecto los horarios de clase universitarios. La cultura escolar ha creado y alimenta una autorrepresentación del maestro y en general de los profesores en todos los niveles, que es la de un personaje de carácter cuasi sacerdotal. Hoy en día nos contentaríamos con que fuese un buen profesional. Y, en demasiados casos, tanto en la universidad como en la enseñanza secundaria, dista mucho de serlo. ¿Quién escucha y recoge los comentarios (en voz baja) de los alumnos sobre algunos de sus profesores?[3] Pero, además, las prácticas culturales de docencia y evaluación llevan consigo, como he tratado de demostrar, concepciones implícitas acerca de la mente y de la persona de los que aprenden. Los propios alumnos reflexionan raramente acerca de esto. Mayo del 68 fue un momento histórico, puntual, de esta toma de conciencia. ¿Será la que se nos propone ahora una «revolución tranquila»?

3. La subcultura de los escolares. Una respuesta «adaptativa» a las exigencias de la cultura escolar

La lectura de los apartados anteriores puede que suscite la desazón: ¿no encierran, implícitamente, una valoración negativa de la manera en que el sistema escolar realiza sus funciones en la actualidad? Señalar algunos puntos problemáticos no es devaluar una institución en pleno. Tomar alguna distancia de lo que hacemos habitualmente en nuestro papel de profesores es un paso previo para una reflexión constructiva. En

2. Obsérvese que esta concepción del «trabajo como virtud» no es privativa de la escuela sino que forma parte de la cultura europea de la Edad Moderna como ha mostrado Max Weber en su *Ética protestante y espíritu del capitalismo*. Su versión más popular es el aforismo anglosajón: «El tiempo es oro».

3. Véase, con todo, el libro de Fabra, M. L. y Domenech, M., *Hablar y escuchar. Relatos de profesores y estudiantes*, Barcelona, Paidós, 2003.

cuanto a la valoración, ha de hacerse, como se dijo al comienzo, después de haber constatado cuál es el balance entre las realizaciones del sistema escolar y los resultados que produce en su público. Algunos ya se han apuntado; vamos a extendernos ahora en el tema.

Previamente hay que hacer dos aclaraciones. Primera, cuando hablo de subcultura estudiante me refiero a los modos de pensar y de proceder que los alumnos cultivan en el seno de la cultura «oficial» escolar. Es su manera de reaccionar y de interpretarse —ellos mismos— frente a las exigencias de aquélla. Convendremos en caracterizar así una subcultura: «Las subculturas son sistemas de significados, modos de expresión o estilos de vida desarrollados por grupos que se encuentran en posiciones estructurales subordinadas como respuesa a los sistemas de signficados dominantes[...] Un aspecto esencial de la existencia de una subcultura es que forma una constelación de conductas, acción y valores que poseen un simbolismo significativo para los actores implicados» (Bank, 2000). Aunque algunos elementos de esa subcultura son comportamientos manifiestos como, por ejemplo, acatar el reglamento o los artilugios para burlarlo, negociar con los profesores, hacer pactos de solidaridad y silencio..., vale la pena insistir en la representación que los alumnos se hacen de sí mismos dentro de la institución. Es la otra cara de la representación que de ellos se hacen los profesores.

La segunda aclaración se refiere al título de este apartado, donde figura entrecomillado el término respuesta «adaptativa». Como va a quedar patente en los párrafos que siguen, la manera en que los profesores se representan a *un alumno adaptado* puede no coincidir con la que tiene el propio alumno o el grupo de la clase. En otras palabras, lo que para los alumnos puede ser un comportamiento adaptativo (por ejemplo, pasar por los cursos sin hacerse notar o centrar su interés en determinadas asignaturas en función de un proyecto profesional) es, desde el punto de vista profesoral, un comportamiento poco ajustado al sistema que cultiva unas exigencias de excelencia generales. Obviamente, hay alumnos que viven su propia adaptación tal como la concibe el sistema escolar: son los asiduos, trabajadores, aprovechados, premiados. Son en la universidad los que asisten regularmente a clase y toman apuntes con fervor. Éstos han interiorizado desde muy pequeños que una clase es parte del escenario cotididano «natural» de su existencia de niños y jóvenes.

Se pliegan sin mayor esfuerzo al «juego» que la sociedad les propone; los otros —una proporción no desdeñable— tratan de jugar a otro juego... De aquí surge una interesante dinámica, de sobras conocida, pero sobre la que vale la pena reflexionar.

El primer paso en esta exploración es interpretar el modelo «claustral», que persiste como telón de fondo de la institución escolar, a partir de un marco sociológico. Este marco es el de las instituciones totales (*total institutions*) del sociólogo norteamericano Ervin Goffman (1968).[4] *Strictu sensu*, una institución «total» es aquélla en que la persona está encerrada materialmente, con escasos contactos (y siempre controlados) con el exterior. Una casa de salud, un convento, una cárcel son el prototipo de instituciones totales. La finalidad del internamiento puede ser muy diferente: recuperar la salud, seguir la llamada de Dios o purgar los delitos, pero la estructura y organización de la vida dentro tiene curiosos parecidos. El primero de ellos es la reglamentación estricta que preside la vida allí dentro. Otro es que el trabajo, cuando se da, no constituye una esfera de la existencia autónoma y diferenciada del resto de la vida; además no está remunerado. En una institución total no existe «privacidad»: cada participante está en relación promiscua con todos los demás, todo está expuesto a la vista de todos, las normas pueden ser invocadas por cualquier interno para censurar. El control por tanto tiende a ser absoluto y el diseño espacial de la institución se ajusta a esta exigencia. Las razones de esta preocupación controladora pueden ser, de nuevo, muy diferentes pero objetivamente el control (y, a un paso, la coerción) «está ahí».

El internado escolar, y cuanto más nos remontamos en el tiempo más, se ajusta bastante al modelo de institución total de Goffman. Puede documentarse esta afirmación en cualquier historia de las instituciones escolares y quizás algún lector lo haya sufrido en su propia carne. La institución escolar abierta de hoy día está lejos ya del enclaustramiento monacal, pero guarda resabios de aquél particularmente en el dominio del control de los comportamientos, íntimamente relacionado a su vez

---

4. El término «totales» no es una traducción acertada; sería preferible «totalitarias», pero si el primero resulta un poco desvaído, el segundo es demasiado impactante. La idea es la de una institución que «abarca la totalidad de la vida de la persona».

con la organización del tiempo. Una vez más diré que todo ello está de sobra justificado *dentro de la finalidad de la institución*, pero el control ejercido desde una situación de poder, más o menos «liberal», produce efectos no deseados para los que están sometidos a él. Ello independientemente de que los objetivos de instrucción y educación que esgrime la institución parezcan razonables y se acepte, de entrada, que es ineludible el paso por ella.

Como consecuencia del aislamiento —aunque tenga sólo reminiscencias de aires «claustrales»—, de la reglamentación y del uso del poder por parte del personal responsable de la institución, se crea entre éste y los internados una profunda brecha. Es una fina observación de Goffman que aunque la institución (escolar, en este caso) sea de todos, la percepción que tienen los subordinados es *como si perteneciera* a los que la regentan (el profesorado). Son dos grupos —personal e internos— que se oponen en una pugna, generalmente sorda y algunas veces abierta, que tampoco excluye negociaciones y componendas. Aquí es donde hay que dar entrada a lo que hemos llamado la subcultura de los subordinados. Son los recursos compartidos para burlar las normas de la institución, hacer más llevadero el control a que están sometidos y, en definitiva, sacar el mayor partido posible de la situación de su «falta de libertad» y también, como vamos a comentar enseguida, afirmar su identidad. El análisis que Goffman dedica a este aspecto es una de las partes más aguda y divertida de su trabajo. Cualquiera que haya vivido dentro de un internado escolar recordará los trucos que los internos tenían para escapar a las prescripciones del reglamento y a la bien intencionada vigilancia de los responsables del orden. Todos estos recursos, que se trasmiten dentro del grupo y forman parte de un «saber hacer» compartido, semi-secreto, son una pieza importante de su (sub)cultura. Otra secuela de esta representación que los alumnos tienen acerca de «a quién pertenece» la institución (universitaria, por ejemplo) es la escasísima participación en las consultas en las que a veces se les quiere involucrar. Víctor Pérez Díaz escribe a este respecto en el año 2001: «Parece que estamos ante una situación de crisis de la representación estudiantil cuya consecuencia previsible sería un desajuste entre unas masas estudiantiles pasivas, tal vez apáticas, y unas minorías de activistas y militantes del asociacionismo estudiantil».

No pretendo que este marco sociológico de las instituciones totales sea literalmente aplicable a nuestros establecimientos escolares. Han evolucionado enormemente a partir de esos orígenes claustrales. Pero se se mantienen ciertos toques, reminiscencias de tiempos pretéritos, cuya funcionalidad hay que someter a examen. Por ejemplo, el diseño del *curriculum* escolar, los contenidos de las asignaturas que lo integran, es asunto exclusivamente de las autoridades académicas. Los usuarios no intervienen para nada; es más, se supone que no tienen nada que decir al respecto puesto que son «inexpertos» y «no entienden del tema». Por otra parte, las demandas del mercado del empleo en pro de una mayor adecuación de los contenidos de la enseñanza a la rápida evolución del mercado, como también la petición de que se atienda más a formar las mentes —flexibilidad, creatividad, etc.— que a dotarlas de contenidos no parece que sean suficientemente atendidas por el sistema universitario. ¿Es sólo cuestión de inercia y conservadurismo gremial? En todo caso, ¿no hay aquí un brote de la mentalidad de claustro (encerrada en sí) que crea una representación de los saberes y su utilidad al margen de las exigencias de la vida social? Tampoco se trata de que los estudiantes de cualquier nivel o las instancias del mundo profesional intervengan así como así en el diseño curricular y en los contenidos formales de las carreras. No es que no pudieran aportar algo: es que no se les cree capaces y la desconfianza hacia la institución malograría, de entrada, su participación. Pero ¿no es un acto de poder indisimulado imponer esos contenidos como los más adecuados y exigirlos rígidamente a pesar de que se sabe que bastantes temas de aprendizaje no son los más adecuados para la profesionalización y que además aburren y están al margen de los intereses cercanos de los aprendices? ¿Alguien escucha y hace caso de las quejas de los estudiantes cuando critican los contenidos y los métodos de los profesores? Eso forma parte de la brecha entre profesorado y alumnado.

Husén (1988) hace mención de una encuesta internacional a estudiantes universitarios allá por la década de 1980. Sus reacciones fueron bastante uniformes. Según el testimonio de varios de ellos: «La escuela no está en contacto con las cosas importantes que ocurren en el mundo y además intenta proteger a los alumnos de las realidades desagradables. Los chicos y chicas se consideran "manipulados" y opinan que la escuela actúa como máquina propagandística. Uno de esos jóvenes dijo: "El sistema se ha convertido en una fábrica eficiente en la que nosotros somos la materia prima. Bajo la presión del sistema de puntuaciones, nos convierten en autómatas y conformistas en venta a los mejores postores del mundo empresarial". Otro estudiante: "Más que nada lo que quiero de la escuela es interacción entre ideas y sentimientos, no sólo conocimientos neutros y grises. Quiero que nos acostumbremos a que la gente intente convencernos de cosas". [...] Los libros son tan neutros y aburridos que no estimulan la imaginación de los alumnos. [...] Hay que ponerles en contacto con el debate y choque de opiniones que tienen lugar en la sociedad más amplia, fuera de la escuela».

Situemos las cosas en su punto. La negociación y el consenso en torno a los contenidos no puede llevarse a cabo con los alumnos hoy en día. Para que participen de alguna manera, el primer paso sería salvar el foso de desconfianza entre los unos, que temen «ser manipulados», y los otros, que temen abrir la caja de los truenos. En lo que estaremos de acuerdo es que hay que sintonizar con sus intereses, hay que idear escapes a la rigidez de los contenidos, hay que dejar el claustro de la «autosatisfacción» de los programas bien trabados y bien pensados para abrirnos honestamente a alternativas que reflejen la vida que los alumnos sienten como «real». Además, hay que ofrecerles la oportunidad de ser ellos mismos los que gestionen esos aprendizajes. Si no en cuanto a contenidos «troncales», sí en cuanto a los opcionales y también en cuanto a su ritmo de asimilación. El EEES concibe al profesor como un acompañante (un mentor, como se dice en lenguaje «demodé») en la fascinante exploración del mundo de los saberes.

He aludido, líneas arriba, al sentido de responsabilidad que los maestros y profesores practican en su docencia. Partiendo de la representación de los alumnos como «mentes que hay que poblar de conocimiento», de que los conocimientos hay que dosificarlos y presentarlos gradual y ordenadamente, de que los destinatarios de estos están poco motivados, etc., y fundamentándose teóricamente en ideas como la zona de desarrollo próximo de Vygotsky o el «andamiaje» de Bruner, se han creado hábitos profesorales de funcionalidad discutible. Uno de ellos es la casi obsesión de que hay que facilitar, hasta el extremo, la asimilación de los temas de aprendizaje. Su presentación es detallada, ordenada, progresiva... Algunos libros de texto explicitan objetivos que conseguir en las unidades temáticas, el maestro o profesor controla el nivel de conocimientos para ver si procede seguir adelante, se insiste en la importancia de no perder días de clase (no crear vacíos), en el aula es el maestro quien detenta la palabra, etc. Todo contribuye a realzar la acción del docente y la pasividad del discente, que no tiene más que «almacenar». Los alumnos deben asimilar los conocimientos que les son presentados, pero este proceso tiene dos momentos bien separados: el primero dentro de clase (se escucha, se recibe una primera impresión del tema); el segundo es elaborar ellos mismos los temas, lo que vulgarmente se conoce por estudiar. Dentro, hay toda un exhibición del «arte culinario» del profesor; fuera, están a merced de su motivación y su organización del tiempo. En la medida en que todas estas prácticas, laudables en sí, crean la idea en los niños y los adolescentes (y, si la crean, persistirá en los universitarios) de que *el conocimiento es el acto de trasmisión esforzado de los maestros* y de que ellos no tienen más que «seguir el paso» que se les marca, hay aquí una clara disfunción. Una importante tarea que ha de asumir el sistema escolar es que, a la vez que trasmite los conocimientos, ha de trasmitir la idea de que su adquisición no gravita sobre la acción de los docentes sino, sobre todo, sobre la de los aprendices. Para ser más exactos, sobre las acciones (disimétricas) de unos y otros *acopladas*. Demasiados artificios pedagógicos facilitadores recuerdan aquella práctica de alimentar crías que ostentan ciertas aves: los padres hacen una primera digestión de los alimentos, luego los regurgitan y se los dan a sus polluelos. El conocimiento es fruto del esfuerzo y la responsabilidad personal. Aquí no hay sustitutorios.

La respuesta de los alumnos a este planteamiento es de lo más «adaptativa»: la ley de mínimo esfuerzo o, en el peor de los casos: «la culpa es del maestro» (principio al que se acoge más una familia). Muestras de esta conducta «adaptativa» son: si algo no se ha explicado, no hay por qué saberlo (o no ha de entrar en el examen). Una versión más sutil y consecuente con lo anterior es: «si he aprobado un examen, entonces sé». O bien: «el conocimiento es lo que traen los libros escolares o lo que dice el maestro». La primacía que se da a los exámenes (la burocracia controladora) obliga a ceñirse a los programas y textos y, al final, responder bien *a lo que se pregunta* (en el examen) es lo que cuenta.

Una vez más quiero dejar patente que el sistema escolar cultiva prácticas que, sin querer, llevan a los alumnos a transferir la responsabilidad de sus tareas de aprendizaje a la acción del maestro o profesor. Reina además en el ambiente de hoy, sobre todo en las clases sociales más acomodadas, una representación deformante del niño como alguien a quien hay que proteger (a veces super-proteger), alguien no responsable o poco responsable. Si a un niño o niña no se le reconoce como responsable, no se le dará ninguna responsabilidad, con lo cual no se le educa en la responsabilidad, y, al final, deviene un no responsable, o, peor, un irresponsable.a edades en las que ya no debería serlo. ¿No es una consecuencia de ciertas prácticas escolares (y familiares) crear personas no responsables de sus aprendizajes?

Hay otra consecuencia de la fractura entre el personal de la institución y los que están dentro de ella, bajo control y sometidos. La política que aplican los de arriba —muchas veces inconscientemente— es la de «divide y vencerás». Una sutil derivación de ésta es fomentar la competición y los éxitos individuales. Simultáneamente, a la vez que combaten las «solidaridades» entre el alumnado, se devalúa el trabajo en equipo. Ciertamente, no se trata sólo de una política institucional: la evaluación del rendimiento escolar es personal. Además, cuando se propone un trabajo colectivo a un equipo de alumnos y la calificación subsiguiente también colectiva, el profesor se encuentra con frecuencia con que ha habido una repartición de la faena pero no un resultado elaborado en equipo. En este caso, como en otros, hay autocumplimiento de la «profecía»: puesto que el sistema escolar no cree en el trabajo en equipo, más bien considera la cooperación como una maniobra de los alumnos para escamotear el esfuerzo, los alumnos actúan justamente en ese sentido. Sin embargo, miles de voces se alzan hoy en el mundo científico y empresarial para resaltar la importancia de los equipos, de la co-laboración y de la «puesta en común» de ideas. El EEES lo menciona explícitamente. Hay aquí un dilema que el sistema escolar deberá afrontar decididamente, y no sólo en la universidad sino ya desde antes.

Puestos en la tesitura de plantear algunas disfunciones entre la formación escolar y los requerimientos en pro de una formación de la persona, requerimientos incluso refrendados por exigencias de la cultura de hoy, hay que preguntarse en qué grado la manera de impartir los conocimientos y la reglamentación a ultranza que preside el mundo escolar crean mentes abiertas a la innovación que —parece ser— es un valor en alza en la sociedad en que nos ha tocado vivir. El sistema escolar es un típico ejemplar de organización burocrática. Por burocracia entiendo aquí, con Max Weber, racionalización de la actividad, esto es, ordenación, dosificación, control, previsión. La burocracia que impregna al sistema escolar está vinculada históricamente a sus orígenes claustrales (la regla monástica es una primicia de lo que luego se conocerá por burocracia, ya que es la expresión más acabada de organización de la actividad y del tiempo sometidos ambos a un férreo control). La burocracia escolar se explica hoy a sí misma en razón de la eficiencia que garantiza tanto en el orden de los aprendizajes como en el de los comportamientos dentro de la institución. La burocracia tiene muchos aspectos positivos, por ejemplo, la planificación. Pero tiene múltiples efectos «no deseados» que suelen ser objeto de denuesto. Quiero detenerme particularmente en uno que afecta a la «apertura de la mente». La burocracia lleva consigo la rutinización: el horario que se repite, las asignaturas que se siguen unas a otras según el mismo ritmo, el desarrollo de las sesiones de clase, etc. Verse obligado a «seguir el paso» de las horas y de las páginas de los libros configura mentalidades pasivas, poco proclives a la flexibilidad, a la indagación personal, a la creatividad. Suscita más un espíritu de «seguir la regla» que de «crear reglas». Retornando al comienzo: en los ambientes «manageriales» de hoy los espíritus flexibles, creativos, anti-rutina serían los más preciados.

La sociología de la educación actual ha puesto, con todo, en evidencia que los escolares no son tan pasivos como los pinta la representación que de ellos nos hacemos. Quizá sea mejor decir que sí son pasivos en lo que toca a responder a las expectativas y procupaciones de los maestros y profesores, pero que practican otras formas de actividad dentro del marco escolar. Y hay que tenerlas en cuenta. Por ejemplo, actividades de grupo paralelas a las de la clase pero que no tienen nada que ver con los aprendizajes. Los escolares son verdaderos actores y lo son porque tienen que dar sentido de alguna manera a su existencia escolar. Han de interpretar su papel (no forzosamente el papel que se espera de ellos) porque tienen que explicarse a sí mismos qué hacen allí dentro.

Uno de los principios burocráticos escolares es medir a todos por el mismo rasero. Lo cual puede ser interpretado por los alumnos como despersonalizador o que se les trata como un «rebaño de borregos». Esto, en la adolescencia particularmente, puede ser un revulsivo (mental) aunque se conformen a ello por comodidad (adaptativa). Para unos la existencia escolar y la manera de «distinguirse» es cumplir con las exigencias del sistema: son los alumnos brillantes, los trabajadores, los que creen en el valor del diploma. Hay alumnos que optan por otras estrategias que, a su entender, cumplen las mismas funciones de «distinción» y «dignificación». La que aparece como más evidente es la de *oposición* al sistema. Son los «difíciles»: indisciplinados o indiferentes que hacen ostensiva su indiferencia desafiante. Puede que sea una manera de afirmar su persona frente al sistema, aunque éste acabe por aplastar al disidente. Hay otra estrategia menos patente que Fernández-Enguita (1988) denomina de *compensación*. Una posición subordinada y sin relieve en la institución puede llevar a ciertos individuos a apoyarse en otra posición extraescolar con validez reconocida entre el grupo de camaradas. Un ejemplo muy frecuente es el del deportista cuyo prestigio en el grupo de clase puede incluso superar al de los brillantes. Otro caso que ha sido objeto de investigación (Willis, 1978, citado por F.-Enguita) es el de los muchachos que desprecian el trabajo intelectual y muestran abiertamente su rechazo a la cultura escolar y sus diplomas. Cifran sus aspiraciones en alcanzar rápidamente un trabajo remunerado (no especializado, evidentemente) que les permita disponer de dinero y satisfacer sus necesidades de consumo. El trabajo duro, al que están abocados, es para ellos una promesa de reconocimiento de independencia y de virilidad, que al parecer les niega la escuela.

Todo esto nos hace ver que por debajo de los éxitos y de los fracasos escolares subyacen representaciones simbólicas que, a los ojos de quienes las asumen, justifican sus comportamientos. A la hora de explicarse éstos, son importantes los referentes de los muchachos y muchachas y el apoyo que pueden sentir (un apoyo quizá más imaginario que real) del grupo con el que se identifican.

4. Conclusión

Parece que muchas de las normas culturales del sistema escolar tradicional empiezan a mostrar, más abiertamente que nunca, su disfuncionalidad en una época histórica caracterizada, entre otras cosas, por la masificación de la enseñanza; porque el control y la disciplina inherentes al trabajo escolar desentonan frente a una sociedad permisiva y que exalta la independencia; por tratarse de una inversión a largo plazo cuando lo que se busca hoy son satisfacciones inmediatas; porque los signos de prestigio que destila el sistema parecen a los ojos de los usuarios obsoletos y sin atractivo frente a los de, por ejemplo, la cultura mediática; porque a los docentes no se les reconoce de entrada autoridad moral (sobre todo en el ámbito de la enseñanza secundaria), de donde nace que recurran más a la coerción que a la persuasión convincente. Y también porque las exigencias de la sociedad con respecto al sistema escolar (aunque inconcretas, cuando no contradictoriamente formuladas) no se ven satisfechas en las realizaciones actuales: competencia profesional, especialistas *versus* generalistas, flexibilidad y apertura mentales, etc.

Frente a esta cascada de desajustes habría —caricaturizando— dos posturas extremas: o encastillarse en los «valores eternos» de la escuela o en pretender ponerla «patas arriba». Si es impensable que el sistema escolar cambie sus normas y valores tradicionales de la noche a la mañana (las «revoluciones culturales» sólo dejan destrozos), tampoco es de recibo persistir en la vía actual. La enseñanza formal es una modalidad de socialización, es un servicio, es una forma de cooperación y, por todas estas razones, exige una comunicación interpersonal intensa. Dedicarse a enseñar es asumir una responsabilidad, pero tiene sus límites, que aparecen allí donde los alumnos deben asumir la suya; por tanto, se trata de un intercambio de responsabilidades o una responsabilidad mutua y compartida. Esto último es lo que han de asumir respectivamente alumnos y profesores. La incorporación al Espacio Europeo de Enseñanza Superior se la juega aquí.

Bibliografía

Bank, B. J. «Las culturas de iguales y el reto que plantean a la enseñanza», en B. J. Biddle, T. L.Good e I. F. Goodson (comps.), *La enseñanza y los profesores*, II, Barcelona, Paidós, 2000.

Bruner, J., *La educación, puerta de la cultura*, Madrid, Visor, 1997.

Edwards, D. y Mercer, N., *El conocimiento compartido*, Barcelona, Paidós, 1994.

Fernández-Enguita, M., «El rechazo escolar: ¿alternativa o trampa social?», *Política y sociedad*, n° 1, 1988, págs. 23-35.

Foucault, M., *Surveiller et punir*, París, Gallimard, 1975 (trad cast.: *Vigilar y castigar*, Barcelona, Círculo de lectores, 1999).

Goffman, E., *Asiles*, París, Editions de Minuit, 1968 (trad. cast.: *Internados*, Buenos Aires, Amorrortu, 1981).

Hobsbawm, E., *Años interesantes. Una vida en el siglo XX*, Barcelona, Crítica, 2003.

Husén. T., *Nuevo análisis de la sociedad del aprendizaje*, Barcelona, Paidós, 1988.

Pérez Díaz, V., *Educación superior y futuro de España*, Madrid, Fundación Santillana, 2001

LOS IMPLÍCITOS EN LA TRASMISIÓN/ ADQUISICIÓN DE LOS CONOCIMIENTOS ESCOLARES*

1. El contrato de comunicación

Desde un punto de vista social y psicológico, el aula escolar, desde el parvulario hasta la universidad, es un ámbito de comunicación. Comunicación en ambas direcciones: del profesor (el que sabe, el experto) al alumno (el que no sabe, el aprendiz), y también viceversa. La enseñanza, ya sea en la modalidad escolar, ya sea en la instrumental (manejo de aparatos, «artes y oficios», etc.), supone que las dos partes intercambian. Es así y debe ser así porque toda trasmisión de saberes exige que el experto confirme al aprendiz lo que éste asimila en su aprendizaje. La manera de llevar a cabo esta confirmación es que el que aprende «devuelva» al maestro, comunicándose con él, lo que ha aprendido. Seguidamente el maestro confirma o no la versión del alumno. En términos coloquialmente escolares, la aprueba o la deja en suspenso.

Toda situación de comunicación entre personas implica la existencia o conduce a la construcción conjunta de un *marco de intercambio* que define a los interlocutores con sus roles específicos. Este marco no sólo hace posible el intercambio sino que le da su cariz peculiar. Hay marcos institucionalizados como son un parlamento nacional, la entrevista psiquiátrica, el aula escolar, etc. Hay otros marcos sujetos a improvisación, que se van construyendo en el decurso de la interacción. Por ejemplo, una conversación informal, un encuentro con una persona en un viaje.

---

* Este capítulo fue publicado primeramente en la *Revista Galego-Portuguesa de Psicoloxia e Educación* en el año 2002.

En el límite podría decirse que todas la situaciones de interlocución están institucionalizadas pero que las primeras lo están fuertemente y las segundas débilmente. Esto último significa que lo que allí sucede es manipulable por los interlocutores en el decurso de su encuentro.

He dicho hace un momento que los marcos de interacción se definen por los roles, independientemente de las personas. Esto queda patente en los casos siguientes. Supongamos que un profesor universitario coincide una noche en una discoteca con unas alumnas suyas. Obviamente, el papel de todos ellos no es el habitual. El marco de interacción es el de la conversación informal. Pero los interlocutores tienen que negociar ese nuevo marco so pena de convertir la discoteca en una réplica del aula (lo cual resulta bastante estrambótico). Un segundo caso es el de un niño o niña que va al parvulario y tiene como profesora a su madre. ¿Cómo tratarla, como mamá o como «señorita»? La superposición de sus dos marcos de interacción —el familiar y el escolar— puede dar pie a divertidas ambigüedades. Divertidas, se entiende, para el observador, pero terriblemente embarazosas para la madre-maestra ya que el niño o la niña va a actuar con ella, según le convenga, en uno u otro de los dos marcos. Lo que caracteriza, pues, estos marcos de intercambio es que no están definidos por el ámbito material sino que son de tipo mental. Es decir, los interlocutores se sitúan en el marco de conversación no tanto porque están en tal o cual sitio sino porque comparten una representación «respecto al carácter de la interacción y su finalidad, a quién es cada interlocutor, al lugar y momento en que están interaccionando y al trasfondo cultural que hay detrás de todo» (Edwards y Mercer, 1994, pág. 60).

Los marcos de intercambio se rigen todos ellos por unos principios generales. Cada marco tiene además sus reglas concretas que afectan a su forma y circunscriben su contenido. Importa subrayar que el conjunto de pautas —generales y particulares— que afectan a todos los intercambios comunicativos son *implícitas*. Se aprenden con la socialización, forman parte del conocimiento social y tienen mucho que ver con la pragmática del lenguaje. Ghiglione (1986) les ha dado el nombre de *contrato de comunicación*. Es un apelativo adecuado si tenemos en cuenta que todo intercambio comunicativo es una actividad cooperativa, ya se proponga mantener los lazos sociales, ya tenga por objetivo la construcción conjunta de significados (tratar acerca de un *tema*; en inglés, *topic*).

Si de estas consideraciones generales descendemos ahora a la realidad de las aulas escolares podemos evidentemente hablar de un contrato de comunicación: *la interacción entre profesor y alumno se establece sobre un trasfondo de cultura institucional que suministra pautas de interacción y las contextualiza dentro de una situación institucionalizada.* El contrato viene a ser ese trasfondo cultural. Recurriendo a una analogía teatral, es un telón de fondo o decoración que anticipa mucho de lo que puede suceder en la escena. No es lo mismo una pradera risueña que una mazmorra, una habitación de una gran mansión que la plaza de un pueblo.

2. Principios generales de los intercambios comunicativos

No estará de más recordar algunos principios muy genéricos que rigen todos los intercambios comunicativos de cualquier índole que sean. Están inspirados en Grice, y también Habermas (1979) habla de ello en su proyecto de una Pragmática Universal. Son los siguientes:

1. *Principio de pertinencia.* Permite a las personas presentes reconocerse como interlocutores potenciales, esto es, cada uno asigna al otro una serie de competencias lingüísticas, pragmáticas y sociales: sabe construir el lenguaje, sabe usarlo adecuadamente.
2. *Principio de coherencia.* Permite a los interlocutores atribuirse mutuamente unos saberes comunes y organización semejante de dichos saberes, con lo que pueden establecer unos mundos referenciales comunes.
3. *Principio de reciprocidad.* Permite a cada interlocutor el derecho a la palabra y a participar en la construcción de la referencia.
4. *Principio de influencia.* Permite aceptar la interlocución como un juego, es decir, una actividad cooperativo-competitiva que exige estrategias discursivas.

Podemos decir (no sin sonrojo) que los intercambios en las aulas escolares distan mucho de ajustarse a estos principios, que, dicho sea de paso, son profundamente democráticos. Podrá aducirse que precisamente en las aulas hay que aprender a usar el lenguaje de manera pertinente y que no hay que dar por sentada la competencia lingüística de los alumnos; podrá aducirse que el asunto de los «saberes comunes» es problemático porque los alumnos son, por definición, ignorantes; podrá aducirse que dar derecho a la palabra a los alumnos tiene efectos imprevisibles; podrá aducirse que «la interlocución como juego» sólo se da en condiciones de igualdad de saber. No obstante, sí que los alumnos son lingüísticamente competentes a partir de cierta edad y el sistema escolar no les atribuye tal competencia o, mejor dicho, los mismos alumnos no se la reconocen (porque el sistema escolar se la ha estado negando sistemáticamente). Hay más saberes comunes entre profesores y alumnos de los que se suele pensar, pero el sistema escolar funciona en base a que los alumnos son ignorantes en todo (por eso están allí: para conquistar el saber); por consiguiente, los alumnos asumen esa ignorancia y ni siquiera se percatan de que podrían existir puntos de contacto entre lo que ellos saben extraescolarmente y lo que están aprendiendo (mundos referenciales comunes). Un ejemplo muy claro es la actitud de las alumnas o alumnos de psicología del desarrollo que tienen hijos: creen que no saben de niños ni de desarrollo... Participar en la construcción del conocimiento es algo de lo que hoy día se habla bastante y se trata de promover en la escuela; luego veremos que tropieza con graves obstáculos porque el derecho a la palabra (a intervenir en la construcción del conocimiento) comporta equivocarse y las equivocaciones en el aula escolar tienen su precio. Finalmente, las reglas de la interlocución escolar la alejan infinitamente del juego, como vamos a analizar dentro de un momento. En general, los principios de interlocución griceanos quedan arrumbados allí donde uno de los interlocutores está en situación de poder frente al otro, caso muy común. Por tanto, no ocurre sólo en el aula escolar, sino también en la empresa, en la política y en la familia. Es un mérito filosófico haberlas enunciado, pero su vigencia social es utópica.

Cada tipo de intercambio comunicativo tiene, además, sus reglas particulares. Son igualmente de carácter implícito. Ponerlas en evidencia exige una minuciosa tarea de observación y reflexión. Es imprescindible para ello una perspectiva etnometodológica o, como se dice hoy día, practicar la *etnografía del aula*.

3. El etnógrafo en el aula

El enfoque etnográfico requiere observaciones detalladas pero, como toda observación es una interpretación, necesita de un marco interpretativo. No es el mismo el marco interpretativo de un etnógrafo o antropólogo, que tiene que crear su modelo de una sociedad exótica, que el del etnógrafo que se introduce en el aula. No hay aquí nada exótico; todo lo que pasa es generalmente de una tediosa normalidad; los participantes en la escena diaria dan por sentado que «tiene que ser así». Justamente el etnógrafo arranca del supuesto de que «las cosas no tienen por qué ser así». Ello supone un distanciamiento, que Velasco y Díaz de Rada (1997) caracterizan como «sorprenderse por la manera como los otros (los actores) interpretan o realizan su mundo». Lo cual lleva al etnólogo a indagar «las circunstancias que hacen que las prácticas sean naturales para los sujetos de la sociedad estudiada a pesar de ser anómalas para el investigador».

Una manera de abordar las anomalías del aula escolar es partir del siguiente supuesto de sentido común: si las funciones de la enseñanza institucionalizada son X, Y, Z..., pueden llevarse a cabo de varias maneras alternativas (hipótesis de trabajo); quizá las pautas de comportamiento y comunicación en vigor en el aula sean poco funcionales para conseguir X, Y, Z. El primer paso del análisis etnográfico en el aula es, pues, analizar con finura el ajuste entre lo que se pretende conseguir (objetivos de la enseñanza) y el pautado de comportamiento que se observa. Hasta cierto punto, equivale a estudiar cómo y por qué varias de esas pautas de comportamiento tienen efectos colaterales, no previstos y no detectados, que socavan varias de las premisas pedagógico-humanistas que pretendidamente los fundamentan.

El análisis etnográfico del aula, tal como se viene practicando últimamente (véanse, por ejemplo, Mehan, 1978; Spindler, 1982; Coulon, 1993; Velasco y Díaz de Rada, 1997) ha arrojado una luz completamente nueva sobre esa microsociedad que es el aula. Estudiando el flujo de sucesos (despojados de su aparente trivialidad), la contextualización de éstos, los intercambios verbales y también los silencios, los gestos y composturas, etc., se ha abierto una nueva e impensada perspectiva sobre la tarea de instruir y formar. Se ha llegado a ver, por ejemplo, que las relaciones entre profesores y alumnos son perfectamente comparables a un juego en el que existen estrategias, movimientos de «fichas», negociaciones, posiciones de ventaja o desventaja, presiones y chantajes, manipulaciones recíprocas, etc. Todo ello porque los objetivos proclamados de la enseñanza que motivan la acción docente no son compartidos (al menos no plenamente) por los alumnos. Éstos tratan, por el contrario, de satisfacer otros intereses más inmediatos y más acordes con su edad. La enseñanza es acción conjunta, es una modalidad de cooperación, pero, por las razones que acabo de sugerir, es también competición y enfrentamiento. Esta segunda faceta era considerada hasta ahora como un «ruido», dentro pero extrínseco al sistema. Hoy día, gracias al análisis etnográfico, hemos caído en la cuenta de que es una pieza intrínseca al sistema escolar porque éste es, al fin y al cabo, un escenario social en el que todos los actores tienen resortes de poder.

En el presente capítulo voy a centrarme en la comunicación dentro del aula y particularmente en todo lo que vengo llamando sus *implícitos*. Son los presupuestos subyacentes pero son también sus consecuencias no queridas. Este trabajo no se fundamenta en un análisis etnográfico realizado con todos los requerimientos canónicos. Es, más bien, fruto de una experiencia docente prolongada y de la reflexión crítica que el contacto con estas corrientes científicas me ha provocado. Haber ejercido muchos años de profesor es una experiencia común; distanciarse de ese ejercicio y convertirse en observador de uno mismo en la relación de la que se es protagonista es mucho más difícil. A veces es, incluso, autopunitivo porque ciertos hábitos profesorales vistos desde el ángulo que vengo proponiendo llevan a uno a sentirse profundamente incómodo.

4. El contrato de comunicación en las aulas

Hay un contrato de comunicación que contextualiza y sienta la pauta de las diferentes intervenciones que constituyen el intercambio profesor-alumnos. Rige a todos los niveles del *curriculum* escolar. Tiene, por supuesto, sus matices y cláusulas distintivas en cada uno de sus grados progresivos, pero estaría tentado de afirmar que sufre un cambio más drástico al traspasar la frontera del parvulario hacia la primera enseñanza que en el trayecto de ésta a la universidad. Las reglas de la conducta escolar se graban y archivan desde muy temprano en el «disco duro» de la mente estudiantil. Sorprende en la universidad hasta qué punto los veinteañeros tienen conductas que, si bien se mira, son incongruentes con otras que exhiben al mismo tiempo al margen de su rol de estudiantes. Como dicen muy oportunamente Edwards y Mercer (*op cit.,* pág. 23), «los niños se socializan escolarmente con gran celeridad y todo el sistema concurre a que adopten sus roles de alumnos bastante rígidamente, roles que seguirán desempeñando durante el resto de su vida escolar».

La primera parte de este trabajo establece una tipología de las intervenciones de los profesores y de los alumnos. Vamos a entender por intervención todo lo que ocurre dentro de la clase, no sólo lo que se refiere a la lección, sino, en general, los comportamientos que allí tienen lugar. «Los maestos, —comentan Edwards y Mercer— tienen en clase muchas cosas que hacer, además de enseñar.» Y lo mismo podríamos decir de los alumnos cambiando el vocablo «enseñar» por el de «aprender». La diferencia es que —se supone— *todo* lo que hacen los maestros va encaminado a cumplir su función de enseñantes mientras que *bastante* de lo que hacen los alumnos no tiene nada que ver con su función de aprendices o, quizá, tiene por objetivo eludirla. No tocaré, como no sea tangencialmente, aquellos aspectos del comportamiento de los alumnos que tienen que ver con lo que Goffman (1968) denomina «la cultura de los recluidos», es decir, cómo estos se las arreglan para hacer su permanencia en el aula y en el centro escolar más llevadera, burlando las consignas institucionales. Ya he hecho alguna alusión a ello en el capítulo precedente.

5. Tipología de las intervenciones de profesores y alumnos

La actividad profesoral es una situación de interacción fuertemente institucionalizada. En ella distinguimos:

- *Un discurso expositivo*: la lección propiamente dicha que puede adoptar la forma de método heurístico (enseñanza activa). Cuando se da en forma de exposición sigue una forma mixta: es conceptual, descriptiva y retórica.[1]

- *Intercambios personales (tutorías):* ya sea con grupos de trabajo reducidos, ya sean individuales.
- *Control de conocimientos*: se da en forma de preguntas, exámenes, textos escritos, etc. Es parte del control sobre el auditorio para que siga el hilo del discurso, para que establezca conexión entre proposiciones, etc.
- *Control de los alumnos*: que presten atención global (exigencias de compostura), que haya un clima colectivo de trabajo (silencio, dedicación personal), etc.

Los tres primeros hacen referencia a la trasmisión de conocimientos. El último, al comportamiento de los alumnos en cuanto que (se supone) éstos deben cooperar individual y colectivamente con el profesor en la adquisición del conocimiento. No son aspectos fácilmente separables. Por ejemplo, el tono de una exposición, el énfasis en determinados puntos, ilustrarla con alguna anécdota pueden servir para mantener la atención. Las preguntas pueden ser parte del discurso como artificio retórico o de motivación.

Son varias las características de las intervenciones profesorales:

- El profesor interviene mucho más que los alumnos: aproximadamente los dos tercios del tiempo el maestro habla y los dos tercios de lo que habla el maestro son exposiciones o preguntas. Edwards y Mercer (*op. cit.*, pág. 39) lo llaman «la regla de los dos tercios».

---

1. Sigo a Northop Frye (*Poderosas palabras*, Barcelona, El Aleph, 1996) en su caracterización de estilos. El *descriptivo* es aquel que trasmite información acerca del mundo (real o imaginado). En los libros de texto adopta la forma de exposición de datos o hechos. El estilo descriptivo refleja (o trata de reflejar) la realidad objetiva. El *estilo conceptual* se concentra en la argumentación, en la lógica del discurso. Crea modelos del mundo pero su valor de verdad no proviene tanto de que se adecuen a ese mundo cuanto de su coherencia interna. Además esos modelos pueden no tener contrapartida material, como, por ejemplo, la geometría. El *estilo retórico* busca convencer y persuadir. Y el objeto de la persuasión son creencias, por lo que guarda una relación cercana con las ideologías. De hecho, es el estilo típico de los personajes políticos.

- El profesor tiene la iniciativa de intervenir. (Pocas veces un tema se suscita por iniciativa de los alumnos. Más de una vez, cuando esto se da, la respuesta es: «No hay tiempo, está fuera del programa»...)
- Gran parte de las intervenciones del profesor tratan de provocar las de los alumnos. (No se trata, por tanto, de un intercambio espontáneo y fluido. No es el *juego* al que alude el cuarto principio de Grice.)

En cuanto a la tipología de las intervenciones de los alumnos, las separamos en dos apartados:

a) Con respecto al profesor:
   - Escuchar y eventualmente anotar.
   - Responder en el sentido de contestar a preguntas o evaluaciones (orales y escritas).
   - Intervenciones espontáneas (sin requerimiento explícito del profesor).
   - Conducta en clase ajustada al rol de alumno.
b) Entre sí y por referencia a su ocupación escolar:
   - Competición *versus* cooperación.
   - Control recíproco de conductas *versus* complicidad o connivencia.

He excluido, como se ve, las conductas al margen de la función de aprender (por ejemplo, un chico que envía un mensaje a una chica por el teléfono móvil) o que la perturban directamente (una pelea entre dos alumnos o alumnas por motivos extraescolares).

6. Comunicación y trasmisión/adquisición de conocimientos. Posición del profesor, posición de los alumnos

Como se ha dicho, el mundo social de la escuela implica un marco interpretativo, global y en el detalle. Profesores y alumnos aceptan el marco interpretativo global sin mayores disonancias: al colegio/instituto o a la universidad se va para capacitarse profesionalmente. Corolario implícito: *todo* lo que allí se hace conduce a este fin. Frente a esta versión optimizadora del sistema escolar, los alumnos ni están motivados para estudiar con vistas a la finalidad de acceso al mundo profesional (sobre todo si lo contemplan en la lejanía), ni están convencidos de que *todo* lo que allí se hace sirva para su mejor profesionalización. Lo cual lleva a que el marco interpretativo de la actividad día a día no sea el mismo para los profesores que para los alumnos. Sólo si lo fuera, la actividad sería conjunta y cooperativa. Existe una (sub)cultura de los alumnos que está en la base de su actitud, de indiferencia o de discrepancia, frente a los profesores y frente a lo que éstos pretenden trasmitir. He aquí un ejemplo para ilustrar estas aserciones. Supongamos que un profesor propone una actividad de aprendizaje cooperativo al estilo de las que, en su día, pusieron en práctica los discípulos de Piaget en Ginebra. Puede que el profesor quiera aplicar algunas ideas vygotskianas sobre la co-construcción del conocimiento. En cambio, puede que los alumnos vean en ello un pasatiempo que no les reporta ninguna ventaja porque los resultados, medidos por las notas, son siempre individuales.

Entremos ahora a desvelar los implícitos que subyacen en las intervenciones respectivas de las partes del contrato de comunicación. Son implícitos particularmente por parte de los alumnos, esto es, constituyen su interpretación de lo que hace el profesor, de su rol de aprendices.

7. Implícitos del discurso del profesor

La *exposición magistral* (la exposición de los temas) presupone, obviamente, que el profesor posee los conocimientos adecuados, pero, más que nada, que el contenido que trasmite hay que aceptarlo como válido sin discusión. No ha lugar a contrastarlo con la experiencia de cada uno o con consideraciones de sentido común. El profesor o el maestro posee una autoridad, otorgada por la institución, que mata de raíz el pensamiento crítico. El profesor, en la manera que tiene de exponer los conocimientos (su actitud frente al saber que trasmite) da pie a que los alumnos asuman esos conocimientos como datos incontrovertibles. Bruner, en su excelente ensayo *Realidad mental y mundos posibles* (1986), alude a este tema al preguntarse hasta qué punto el lenguaje de los profesores deja entrever «el carácter hipotético del conocimiento, su incertidumbre, la invitación a seguir pensando». En una investigación que cita, se concluye que «los indicadores de duda o incertidumbre en el lenguaje de los profesores *entre sí* eran mucho más numerosos que los que usaban *frente a los alumnos*». O sea, que «el mundo que los profesores presentaban a sus alumnos era un mundo mucho más establecido, mucho menos hipotético y negociable que el que ofrecían a sus colegas».

¿Qué papel tienen entonces, dentro del contrato de comunicación, las argumentaciones y contra-argumentaciones, los interrogantes en voz alta? Son artificios retóricos, son «modos de hablar». Es muy frecuente, al presentar un tema, plantearlo en perspectiva histórica: «Hasta hace algún tiempo se decía....». Nada que objetar si se añade que lo que hoy se dice, corrigiendo a los antepasados, será probablemente a su vez corregido por descubrimientos futuros. De lo contrario, se hace suponer (un implícito) que lo que hoy se afirma lleva ya el marchamo de la verdad: después de la tiniebla viene la luz... Por su parte, la exposición de la matemática y las ciencias de naturaleza, con sus teoremas y sus leyes, tendría que poner en relieve la creatividad y coherencia del pensamiento humano y no tan sólo las certidumbres acerca de «cómo es el mundo».

Un segundo aspecto es el papel del libro de texto. El libro es otra versión (o la misma) del discurso profesoral. El texto no es otra cosa que la codificación oficial de un saber. Ahora bien, el texto, por estar grabado frente a la palabra, que es volátil, queda revestido de la calidad de certeza y puede ser invocado como juez inapelable incluso frente a la palabra actual profesor: «¡Lo dice el libro!». El texto es indiscutible. O, por decirlo de otra manera, la única reacción ante él es aceptar lo que dice y cómo lo dice. O también: no hay por qué dialogar con el texto, menos aún poner en tela de juicio sus proposiciones. La única postura alternativa es la indiferencia. Todo esto es asimismo aplicable al texto-discurso del profesor. Esta representación mágica de la letra escrita tiene su manifestación más paroxística en los apuntes de clase universitarios.

El texto hay que saberlo. Pero ¿qué significa «saber el texto»? Bahktine (1981) decía que comprender no equivale a reflejar exacta y pasivamente el texto del otro sino «trasladarlo», reeelaborándolo en la propia mente. En esta reelaboración (que implica ponerlo en conexión con otros textos previos) hay una actitud crítica y distanciadora que postula una respuesta: «Toda comprensión verdadera es activa y representa ya el embrión de una respuesta. Toda comprensión es dialógica. La comprensión se opone al enunciado como una réplica se opone a otra en el seno de un diálogo. La comprensión está a la búsqueda de un contra-discurso para el discurso del que habla». Lejos de estas ideas refrescantes, nuestros alumnos, de cualquier nivel, se prohíben indagar las líneas de exposición del texto, sus líneas de razonamiento y justificación. Aparte de subrayarlo (sobre lo que habría mucho que decir), no se les ocurre apostillarlo con datos o experiencias personales, ni siquiera para su confirmación.

De todo esto se sigue que el saber comunicado no es recibido como un saber sometido a comprobación o filtrado por las experiencias del alumno o que requiere una elaboración que no es sólo retención. Es un saber que impone (¿o propone?) la autoridad magisterial. Es un saber ya elaborado por las metodologías facilitatorias (papillas para bebés). Es un saber en forma de representaciones trasmitidas por un discurso (texto). Estas representaciones se sintetizan en otra representación implícita que susurra: «Esto es la realidad». Habrá quien objete, sin embargo, que existe una escuela activa en la que se espolea al alumno o alumna a que contribuya activamente a descubrir la realidad (o parte de ésta). Su recurso es el método heurístico o socrático en que preguntas extremadamente bien articuladas van llevando la mente del discípulo al descubrimiento de la verdad. Dedicaré luego un espacio a este importante tema.

Quiero antes someter a discusión el imperativo de que «hay que acabar el programa de curso» o, lo que viene a ser lo mismo, el texto en que queda plasmado. El profesor puede sentirse culpable o incluso objeto de reconvención si no da entero el programa de su asignatura. Era su obligación... Pero ¿qué implícitos comporta este imperativo? El primero es que si no se concluye el programa queda un vacío de conocimiento. ¿Es grave o irreparable? ¿Queda, en el peor de los casos, comprometida la futura competencia profesional del estudiante por este motivo? Seguro que no. Porque el conocimiento necesario en una profesion jamás está *totalmente incluido* en ningún programa de aprendizaje y, por tanto, todo profesional tiene, en sus inicios, algún vacío en sus conocimientos. Segunda parte del argumento: ¿es que los estudiantes no han de ser capaces de trabajar por su cuenta aquellas partes del programa que no han sido explicadas en la clase por falta de tiempo o por otra causa? El implícito que reina aquí no es sólo que los estudiantes se limitan a «lo que se ha visto en clase», sino que no son capaces de estudiar temas que no hayan sido antes «explicados», «aclarados», «acotados», etc. En definitiva, el sistema escolar (implícitamente) sostiene, a este respecto, que el estudiante es necio e irresponsable. Pero ¿quién lo ha hecho así?... A la vista de lo que precede, uno empieza a calibrar el esfuerzo que tiene que asumir el sistema escolar para adaptar sus modalidades de trasmisión del conocimiento a los nuevos aires que, como ya hemos dicho, trasladan a los alumnos la gestión de sus aprendizajes.

Vayamos ahora a las preguntas del profesor.[2] ¿Qué implícitos comportan en la mente de los alumnos? Edwards y Mercer (1994, capítulo 4) han dedicado reflexiones excelentes al tema de las preguntas. Voy a resumir y ampliar sus puntos de vista. Por de pronto reconocen que el estatuto de la pregunta es paradójico en el aula con respecto a lo que en la vida corriente se entiende por «hacer una pregunta». La paradoja viene de que el maestro es quien hace las preguntas y el maestro conoce las respuestas. Lo lógico sería que fueran los alumnos, los ignorantes, quienes hicieran las preguntas... Pero no: es al revés. Lo cual lleva a concluir que la finalidad de las preguntas del maestro no es ser informado sino otra. ¿Que dice el contrato de comunicación sobre la finalidad de las preguntas?. Les atribuye dos fines: 1) El maestro las hace para estimular el pensamiento y abrir la curiosidad o bien para guiar la participación de los alumnos en el discurso. Son un pórtico del saber o un hilo conductor de su elaboración. 2) El maestro las hace para evaluar el conocimiento de los alumnos (exámenes, controles).

Edwards y Mercer resumen muy bien la cuestión cuando escriben: «Mientras los alumnos al preguntar puede que estén buscando informa-

---

2. Aquí me limito a las preguntas que circulan entre profesores y alumnos en el ámbito de la clase. Hugh Mehan (1978) hace unas consideraciones paralelas y muy pertinentes sobre los implícitos que reinan en los test de inteligencia escolar (preguntas, al fin y al cabo...).

ción, una orientación o permiso para algo, el maestro está comprobando que los alumnos saben lo que deben saber, está poniendo a prueba sus conocimientos, si prestan atención, está estableciendo la "línea" de pensamiento y discusión. La mayoría de las preguntas que hacen los maestros no busca información. Forman parte del argumento discursivo para controlar temas de discusión, dirigir el pensamiento y la actividad de los alumnos y establecer los límites de la atención compartida, de la actividad conjunta y del conocimiento común» (*op. cit.*, pág. 62). Naturalmente, este razonamiento no queda expresado de manera tan elaborada en la mente de los alumnos, pero existe en embrión. Lo que sí, en cambio, tienen muy claro es que el maestro hace preguntas para evaluar sus conocimientos. Si a ello añadimos que el maestro *ya sabe* la respuesta a la pregunta, se concluye que *cualquier respuesta es objeto de evaluación*. Y ésta asoma en la respuesta del maestro a la respuesta primera del alumno. «Si lo que hace el maestro es plantear de nuevo la misma pregunta, implica que la respuesta recibida es incorrecta y se busca una alternativa. El silencio del maestro puede indicar lo mismo. Si el maestro no hace caso de una pregunta de un alumno es que la pregunta es improcedente. La conclusión es que el maestro está en situación de controlar el discurso, de definir de qué cosas hay que hablar y actúa como árbitro de la validez de conocimientos» (*ibid.*).

Ahora estamos en condiciones de entender mejor por qué los alumnos son reticentes a hacer preguntas. En primer lugar porque sus preguntas no son de la misma naturaleza que las del maestro. No se trata de interlocutores en el mismo plano igualitario de búsqueda de conocimiento consensuado. En segundo lugar, porque a una pregunta, aunque sea con la laudable intención de informarse, puede el profesor contestar diciendo: «Eso ya se explicó», con lo cual el alumno queda descalificado por no saber lo que debe saber en aquel punto. El que esto escribe, todos los años al comienzo de los cursos universitarios, trata de cambiar la mente de los alumnos con respecto a las preguntas en clase. La propuesta es que adoptemos otra cláusula en el contrato: *el que pregunta es porque tiene interés*. Pero aquí aparecen otros inconvenientes: ¿es interpretado como interés por los compañeros?, ¿cómo es visto el alumno preguntón dentro del contrato tradicional que regula el uso de la palabra del alumno hacia el profesor?...

8. El método heurístico

Vayamos ahora al método heurístico (o socrático), que ha sido un emblema de la llamada «escuela activa». Vaya por delante que presenta, desde el punto de vista de la trasmisión y adquisición de conocimientos escolares, grandes ventajas sobre la exposición magistral. Los niños y niñas han de cooperar activamente, al menos participando en el diálogo que los maestros estimulan guiando la mente de los alumnos hacia aspectos nuevos del corpus de conocimientos. Pero no es oro todo lo que reluce. Edwards y Mercer lanzan unos sutiles dardos envenenados a este modo de intervencion a partir de sus observaciones en las aulas. Los resumo. El primer caso es el de una maestra en una clase de ciencias sociales, en primaria, que intenta hacer caer en la cuenta a los pequeños de la arbitrariedad de las reglas de la vida social. Les propone que imaginen que han naufragado, están en una isla desierta y tienen que montar allí su vida... Es un diálogo muy sugerente (*op. cit.*, págs. 65 y sigs.): los niños van inventando reglas que extraen de la vida cotidiana y, sin embargo, son invalidadas por la maestra. ¿Por qué? Porque no basta dar respuestas de sentido común y que «funcionan», sino que *la maestra quiere determinadas respuestas en función de una idea pedagógica concreta*. Lo cual quiere decir que, al dato de que el maestro sabe la respuesta, hay que añadir: *la respuesta es lo que la escuela llama respuesta*. Maturana y Varela (1990), eminentes biólogos del conocimiento, traen a colación un caso muy parecido. A un estudiante universitario de topografía le piden que mida la altura de una torre. El estudiante se provee de una cuerda y una plomada y mide la altura. Es suspendido por no haber utilizado el procedimiento «correcto». Se dirá que, tratándose de un futuro topógrafo, el suspenso era bien merecido. Pero la historieta acepta otras lecturas.[3] Una es que la escuela crea un espacio aparte, un universo de respuestas a conocimientos —los únicos válidos en su seno— aun cuando haya otras respuestas alternativas,

---

3. Murray Gell-Mann, en su interesante libro *El quark y el jaguar* (Barcelona, Tusquets, 1995), narra una variante de esta anécdota con un divertidísmo final en que el estudiante propone hasta cuatro o cinco soluciones al mismo problema basadas en conocimientos físicos y una final en la que recurre a una astucia social.

también válidas, a las preguntas que hace. La segunda, que entra de lleno en nuestras consideraciones sobre los implícitos, es una reflexión sobre lo que llamamos conocimiento. Maturana y Varela dicen que es «una conducta efectiva en un dominio en que se espera una respuesta». Piaget se apuntaría a esta versión. La escuela denomina conocimiento a lo que ella trasmite, obviamente válido pero vehiculado con un cierto carácter de «exclusividad» (en el doble sentido de que excluye otros y que se atribuye la exclusiva de su trasmisión).

El segundo caso, que comentan *in extenso* Edwards y Mercer, es una lección «activa» que pretende llevar a los niños y niñas a descubrir las leyes del péndulo (*op. cit.*, capítulo 6). El procedimiento es, dicho sea de paso, una simpática ilustración de lo que la pedagogía inspirada en Vygotsky conoce como *actuar en la zona de desarrollo próximo*. Los intercambios no interesan en el detalle (pueden consultarse o imaginarse); sí interesa revelar los implícitos que inevitablemente subyacen. Al ir guiando el diálogo *instructivo* con los niños y niñas, éstos intentan dar sentido no sólo a lo que allí observan (oscilación del péndulo bajo condiciones diferentes), sino al discurso de la maestra que va «desbrozando el camino». Lo hace dando algunas pistas a la vez que señala «dirección prohibida» allí donde *ella sabe* que el razonamiento va a extraviarse. De ahí una dualidad casi irreconciliable en la mente de los «exploradores del conocimiento». En palabras de una investigadora (citada por Edwards y Mercer, pág. 144), los alumnos se preguntan: «¿Es esto lo que tenía que pasar?», «¿Está bien la respuesta que he dado?». El dilema que afrontan es que el profesor espera que, por un lado, los alumnos investiguen/descubran por sí mismos *un* fenómeno y, por otro, que lleguen a la ley o principio que explica *ese* fenómeno. Pero esto último es una meta prefijada: el profesor tiene en su manga todas las cartas de la baraja... ¿Qué resulta en definitiva? Que los alumnos, en lugar de construir su discurso atendiendo a las características observables del fenómeno, se dedican a elaborarlo atendiendo a los indicios lingüísticos y gestuales que proporciona, sin tener plena consciencia de ello, el profesor. Irónicamente, la adquisición del conocimiento resulta aquí más bien cuestión de adivinanzas que no de una progresiva conquista racional. Dicho de manera mucho más elegante: «Los alumnos han adquirido una competencia de interacción de que se sirven para orientarse hacia la respuesta correcta en lugar de una competencia de conocimiento que les orienta hacia la explicación» (Edwards y Mercer, *op. cit.,* pág. 144, adaptación del autor).

9. Evaluaciones y control de conocimientos

Ya se dijo al comienzo que el conocimiento trasmitido ha de ser objeto de control por parte del experto que lo comunica. En todo diálogo, el vaivén entre interlocutores tiene como una de sus funciones ineludibles comprobar que ambos hablan de lo mismo y, a ser posible, en el mismo nivel de conocimiento. El sistema escolar, que tiene por objetivo trasmitir un cuerpo de conocimientos «canónico», ha de asegurarse de que ese cuerpo de conocimientos es el correcto. Exige una producción que es reproducción. Se lleva a cabo mediante los exámenes. Se podrían sustituir éstos por una evaluación continuada, mucho más próxima al diálogo común que *la respuesta a tiempo retardado* que constituye un examen, pero los inconvenientes son, al parecer, insuperables. Tienen que ver con la reticencia de los alumnos a exponer en voz alta y ante los compañeros sus conocimientos, ya sea en forma de discurso, ya en forma de preguntas; tienen que ver con las premuras del programa y con la masificación estudiantil. (Es posible, de todas maneras, que la adopción de intercambios mediante correo electrónico modifique esta situación. El tiempo lo dirá.)

Siempre que en la evaluación de conocimientos los alumnos han de elaborar un texto (recitación oral, composición escrita), se deslizan varios implícitos. El primero es que el profesor posee su propio texto acerca del tema que sirve de patrón para valorar el discurso del alumno. Este patrón es bastante objetivo en lo que respecta al razonamiento en problemas de matemáticas o ciencias de la naturaleza cuya respuesta es numérica (por más que habría que evaluar no solamente ésta en su exactitud sino también el discurso mental que conduce a esa respuesta). No es tan objetivo en las ciencias sociales. Sugiero la siguiente experiencia: que el profesor de ciencias sociales redacte las respuestas a las preguntas abiertas de examen a sus estudiantes universitarios y se percatará de que hay distintas versiones; que continúe la experiencia efectuando dos evaluaciones del mismo texto escrito de un alumno con un intervalo de tiempo por medio y comprobará que pueden resultar distintas. Esto último significa que la lectura de un texto escolar se hace sobre un fondo de conocimientos (del profesor) que posee una «geometría variable». No tanto por ausencia de conocimientos (que también se da) sino porque algunas de las ideas que exponen los alumnos las incorpora el profesor a su texto canónico y contribuyen a cambiar el perfil de la evaluación general. Lo que con todo esto quiero significar es que, aunque el profesor tiene la última palabra, es una palabra (un conocimiento) «en libertad vigilada», o sea, sometido a una autocrítica implacable, lastrado de provisionalidad. Otra cuestión es si ello obliga al docente a instalarse en la incertidumbre frente al saber, lo cual puede que alimente interminables discusiones con su auditorio pero, en el caso escolar, no lleva a ninguna parte. Esto último lleva a a un segundo implícito (que no lo es tanto): toda evaluación es un acto de poder. Está habitualmente refrendado por la autoridad de quien posee el saber. Éste debe existir previamente; la autoridad inherente al mismo es creada al incorporarse al cuerpo profesoral o de magisterio (oposición o contrato). Es por tanto un acto institucional; si se me apura, un acto de habla la que lo crea: «Es usted profesor».

El tercer implícito se deriva del hecho de que la evaluación es un acto típicamente burocrático. El sistema escolar es una instancia altamente burocrática: tratamiento de las personas en base a igualdad y comparabilidad mediante reglas de organización impersonales y tendentes a ser eficaces en una tarea (la trasmisión del conocimiento). Como burocracia que es, se dedica tenazmente a la clasificación, en la cual ocupa un lugar preeminente la evaluación de conocimientos. *Ipso facto* se crea la mentalidad de comparar y la preocupación de ser objeto de comparación. De hasta qué punto es difícil despojarse de la exigencia (burocrática) de comparabilidad o, si se quiere, de hasta qué punto la socialización para el mundo escolar ha impregnado las evaluaciones de obsesión comparativa, da fe la siguiente experiencia con alumnos universitarios. Durante varios años en un seminario de segundo ciclo (con asistencia limitada) proponía a los alumnos el siguiente contrato: «Todos los que asistan regularmente y participen están aprobados sin examen. El ultimo día cada uno se autoevaluará y se pondrá una nota (aprobado o superior)». La sesión de autoevaluación resultó siempre memorable. Nadie quería ser el primero en «salir al ruedo»; más de un año se me increpó de querer burlarme de los estudiantes (no creían, en el fondo, que yo respetase su nota); otros años proponían una calificación general, para todos la misma (¡sobresaliente!). No voy a explicitar los evidentes implícitos que aquí se desvelan y que tienen que ver con la «mirada» de los otros compañeros. (Una mirada, como diría Michel Foucault, que sanciona, que clasifica, que jerarquiza, que distingue, que individualiza, que compara...) Una vez que la sesión se normalizaba, iban desgranando sus calificaciones. Siempre fueron respetadas aunque a veces no coincidían con mi apreciación personal. Pero había otras prolongaciones interesantes. Una eran los malhumores de pasillo: los propios alumnos se quejaban amargamente de que tal o cual de ellos se había evaluado muy por encima de lo que se merecía... Sin embargo, no habían protestado en su momento. Otra era más personal y subjetiva. He de confesar que resultó, a veces, muy duro no mejorar las notas a aquellos que, a mi parecer, la merecían superior. ¿Que implicaba el hacerlo? Hubiera actuado como un *deux ex machina*, un árbitro supremo que recomponía la jerarquía de excelencia dañada... Hubiera sido, en fin de cuentas, un *acto de poder* que negaba responsabilidad a los sujetos y enmendaba sus juicios dándolos por equivocados. Esta situación pone de relieve, dicho sea de paso, uno de los procedimientos más felices de la etnografía del aula: rómpase la rutina, hágase la situación subversiva y compruébese cómo irrumpen los presupuestos (violados) del sistema con el desconcierto subsiguiente de los actores.

10. Conclusión

A lo largo de este capítulo ha ido saliendo a la luz una larga serie de implícitos que forman el esqueleto del contrato de comunicación entre profesores y alumnos. La lista no ha sido exhaustiva. Han sido, sobre todo, los implícitos de la relación «vertical». Podíamos haber prolongado el tema con los implícitos de la relación entre compañeros (siempre en el marco de la adquisición de conocimientos). Era inevitable señalar algunos ya que, si bien en geometría las dimensiones vertical y horizontal se suponen independientes, en el espacio relacional del aula no lo son tanto. Diversas facetas de la relación profesores-alumnos repercuten o tienen su origen en la relación entre alumnos. Y viceversa.

He citado copiosamente a los autores Edwards y Mercer hasta tal punto que alguien puede reprocharme ser un glosador de su obra, excelente por todos conceptos. No ha sido, con todo, el tema central de ésta —*El conocimiento compartido*— lo que me interesaba sino los efectos colaterales (lo que los anglosajones denominan *drawbacks*) que sacan a la luz. Algunos son enunciados explícitamente, otros se dejan entrever. Se trata, pues, de otra lectura de su trabajo. Con el espíritu de Bahktine (citado más arriba), he estado dialogando con ellos porque sus puntos de vista «lanzan flechas» constantemente hacia el contrato de comunicación entre profesores y alumnos. Queda en pie una invitación insistente a la reflexión (y «reflexión» ha de tomarse en el sentido físico de «mirarse en el espejo») acerca del entramado de presupuestos en que está inserta cualquier actuación profesoral. Se dice, y con razón, que el sistema escolar socializa; se piensa —y con razón— que socializa para la vida real. Pero quizá se pasa por alto que la socialización más intensa y más rotunda que el sistema escolar pone en marcha es para que los niños y niñas se adapten a él. Muy pronto «aprenden el oficio de alumno» (*Le métier d'élève*, Sirota, 1993), y una parte esencial de éste es lo que hemos venido llamando los implícitos del sistema: sus reglas de juego.

Bibliografía

Bahktine, M., en Todorov, T., *Mihaïl Bahktine, le principe dialogique*, París, Le Seuil, 1981.

Bruner, J., *Realidad mental y mundos posibles*, Barcelona, Gedisa, 1986.

Coulon, A., *Ethnométodologie et éducation*, París, PUF, 1993.

Edwards, D. y Mercer, N., *El conocimiento compartido,* Barcelona, Paidós, 1994.

Ghiglione, R., *L'homme communicant*, París, Armand Colin, 1986.

Goffman, E., *Internados*, Buenos Aires, Amorrortu, 1968.

Habermas, J., *Communication and the Evolution of Society*, Londres, Heinemann, 1979.

Maturana, H. y Varela, F., *El árbol del conocimiento,* Madrid, Debate, 1990.

Mehan, H., «Structuring school structure», *Harvard Educational Review*, 48, n° 1, febrero de 1978.

Sirota, R., «Le métier d'élève», *Revue Française de Pédagogie,* n° 104. julio-septiembre de 1993, págs. 85-108.

Spindler, G. (comp.), *Doing the ethnography of schooling*, Nueva York, Holt, Rinehart & Winston, 1982.

Velasco, H. y Díaz de Rada, A., *La lógica de la investigación etnográfica*, Madrid, Trotta, 1997.

En el capítulo precedente he puesto quizás el acento más en explorar la mentalidad de los alumnos que la de los profesores. Me he entretenido en describir las representaciones (mentales) que se hacen los estudiantes acerca de cómo proceder en sus avatares académicos acudiendo a la representación (mental) que, como profesor, me he hecho de aquéllas. Quisiera ahora inclinar la balanza hacia el otro lado. No sin antes prevenir que en el sistema escolar no se pueden plantear polarizaciones como las que sugiere a primera vista la simple contraposición profesor-alumnos. Si es un *sistema*, lo que cuenta no son tanto los componentes sino su *relación*.

Los profesores, paralelamente a los estudiantes, constituyen un subsistema dentro del universo académico que tiene sus rasgos culturales propios. La academia es un colectivo individualista,[1] de nivel intelectual que se supone alto, dotado de la preciosa libertad de cátedra, lo cual se traduce en un amplio margen de libertad en cuanto a contenido de sus cursos (respetando las líneas maestras del *curriculum*). Su actividad como docentes se cifra en «dar las clases» que organiza la facultad en horarios semanales y semestres cerrados. Predomina la clase magistral, no sólo por inercia académica sino como consecuencia de la abrumado-

---

1. Zabalza (1995) caracteriza a la universidad como «burocracia profesional». La «constituyen expertos que trabajan de manera aislada, cada uno en una especie de "nido" cerrado y autónomo».

ra masificación universitaria. Desde hace pocos años existen las clases prácticas obligatorias, pero su eficiencia depende mucho del tipo de disciplina y también de la disposición del entorno universitario para acoger a los «practicantes». En estos tiempos que corren, los profesores han adoptado, en su relación con los alumnos, una maneras «democráticas» pero retienen el temible poder de aprobar/suspender. Quizás uno de los rasgos más aferrados en la cultura profesoral es entender el curso que imparten como un texto (un libro) que es la versión, más o menos actualizada, del conocimiento oficial de su disciplina. La bibliografía que se recomienda es puro adorno (otra manera de ver esto es constatar que las bibliotecas son más bien lugares de estudio que de consulta). Vale decir que todo esto es una respuesta a las rigideces de los programas de estudio apuntalada por los requerimientos —patentes o latentes— de los estudiantes.

Éste es el panorama, a grandes trazos, de la docencia universitaria; esto es lo que se pretende trasformar. Todo proyecto de cambio de la cultura profesoral va a suscitar, aparte de un escepticismo notable, una resistencia que no se debe minimizar. Los nuevos aires provenientes de las instancias europeas sólo podran ventilar las aulas e insuflar oxígeno a sus ocupantes si son los profesores los que abren las ventanas y los aspiran profundamente. Ellos tienen la llave de las transformaciones que se auspician. Pueden parecerles incluso plausibles y/o necesarias, pero de hecho revolucionan sus modos bien solidificados de ejercer la docencia.

1. Investigación y docencia: un incómodo compromiso

Parto de un axioma incontrovertible: el buen profesor ha de ser un (buen) investigador. La investigación no sólo hace avanzar el conocimiento en general, sino que procura inapreciables beneficios a las mentes que se dedican a ella: las hace flexibles, creativas, escudriñadoras, abiertas. La investigación es el *primum mobile* de la reflexión y ésta (control de los procesos mentales, formulación de conjeturas e hipótesis, entretejido de los saberes, síntesis creativas, validez y fiabilidad metodológicas, crítica y autocrítica) es el bagaje imprescindible del profesor.

¿Cómo manejar el cúmulo de conocimientos que atesora una disciplina sin una visión crítica que selecciona, organiza y dosifica a efectos de la docencia? La investigación puede, no obstante, entrar en colisión con la actividad docente en la universidad por la sencilla razón de que ésta resta tiempo y energías a aquélla. De ahí que muchos profesores que, por su contrato con la universidad y con la sociedad, son docentes traten de soslayar esta obligación (evitar esta «pérdida de tiempo») y quieran dedicarse enteramente a la investigación. Apelar en estas circunstancias al «compromiso social» o al contrato universitario es incurrir en un ingenuo psicologismo. La opción de dedicarse primordial o exclusivamente a investigar es muy personal. La cultura universitaria, por lo menos hasta aquí, ha venido prescribiendo que docencia e investigación son, ambas, compatibles; que el horario profesional ha de repartirse de manera adecuada entre una y otra. Ahora bien, al margen de los buenos deseos y de las prescripciones justas, ¿cómo ubica el marco de organización universitaria, implícitamente, estos dos campos de actividad profesoral?

La ley de universidades (LRU) que hasta el año 2002 ha venido rigiendo la organización de sus actividades decidió potenciar los departamentos como unidades autonómas de investigación. Aceptemos que era una medida muy conveniente para potenciar la investigación, pero ha tenido consecuencias no queridas para la docencia. En efecto, la facultad es quien organiza y coordina la docencia, pero son los departamentos quienes designan a los profesores de las diversas asignaturas del *curriculum* académico. No sólo designan a los profesores sino que los reclutan. La contratación del personal puede llevarse a cabo (y en muchos casos ha sido así) haciendo prevalecer la potencialidad investigadora del candidato y no tratando de conciliar aquélla con la docente. La paradoja de esta situación es que las plazas que salen a concurso son las exigidas por el plan docente... O sea, que la «diversión» está prevista y tolerada. El colmo de esta perversión de la ley es no sacar a concurso plazas que figuran en el plan docente hasta que se tenga la oportunidad de reclutar una persona para la investigación. La docencia postergada será impartida por algún ayudante o por sorteo anual entre los miembros del equipo.

En la misma línea de reforzar la actividad investigadora de los universitarios proceden las actuaciones de la Agencia de Evaluación a nivel nacional. Hoy día el gran incentivo para un profesor universitario es publicar trabajos de investigación en revistas «indexadas». Una no muy complicada aritmética determina «índices de impacto» de cada publicación de un académico; se le atribuye un «número» que lo eleva (o lo degrada) a un determinado nivel de «importancia científica». Eso tiene, aparte de leves repercusiones económicas, secuelas en el campo de la docencia: si no se poseen unos grados de «excelencia investigadora» (medida exclusivamente por el «impacto»), no se pueden dirigir tesis doctorales. Mi propósito no es criticar este modo (o moda) de evaluación; lo que quiero poner de relieve es que si la investigación tiene, en exclusiva, un trato de privilegio, la docencia se degradará irremediablemente. Por varias razones: porque el reclutamiento de profesores, como antes sugerí, se hará en función de la capacidad investigadora, y porque el reciente sistema de evaluaciones de la Comisión Nacional ha provocado la ira y la desmotivación en muchos profesores que con honestidad y competencia cubren sus horas de docencia. Un corolario de este cientifismo vociferante y obsesionado por los «resultados» (los que sólo el artículo indexado garantiza) es que el libro académico no se considera como *pièce-à-l'appui* a la hora de calibrar méritos científicos. ¡Pobres Darwin, Marx, Freud, Saussure, Wittgenstein[2] y tantos otros filósofos, humanistas, historiadores de cuyo pensamiento imperecedero, vertido en libros, nos seguimos alimentando!

Otro dato concurre a distorsionar más el equilibrio entre docencia e investigación. Cada vez más, la financiación de las investigaciones universitarias proviene de instancias ajenas al Ministerio. Obviamente las empresas no van a invertir en investigaciones que no sean rentables en su dominio de operaciones. Dicho de otra manera, la investigación ya no es sólo el placer intelectual de descubrir sino un factor importante en la producción de riqueza. Las facultades de ciencias o las escuelas politécnicas van a verse favorecidas a la hora de reclutar «profesores» que son investigadores a tiempo completo al efecto de cumplir contratos que les

---

2. Ferdinand de Saussure, el padre de la lingüística moderna, no escribió él mismo su *Cours de linguistique générale*. Sus lecciones fueron transcritas por sus discípulos. En cuanto a *Investigaciones filosóficas* de Ludwig Wittgenstein, ¡está escrito en forma de aforismos!

dotan de medios financieros. En definitiva, las facultades de ciencias sociales y humanidades podrían ser los últimos reductos de investigación académica «libre» y sin fines de lucro.

En definitiva, ¿se quiere una universidad para la investigación o se quiere una universidad donde, *además*, se imparta una docencia de calidad? Porque, por debajo de las proclamas de las altas instancias políticas, emerge la profunda contradicción entre el peso que ha adquirido la investigación, en la práctica académica y en el reconocimiento oficial, frente a la docencia. Las líneas directrices de la UE apenas hablan de investigación (la dan por supuesta): propugnan otra forma de docencia, o si se quiere, cambiar el tipo de relación pedagógica entre profesores y estudiantes. Un documento de la Universidad Autónoma de Barcelona lo reconoce textualmente: «La creación del EEES ofrece un conjunto de oportunidades para emprender una reforma en profundidad de los estudios universitarios y un cambio en los hábitos de trabajo del profesorado, especialmente en lo que atañe a las actitudes y a la actuación docente». Pedir una revisión a fondo de los hábitos profesorales bajo las premisas que venimos considerando (sin contar la inercia y el escepticismo) es de una ingenuidad desconcertante.

2. La formación (permanente) del profesorado

He mencionado dos veces el sistema de reclutamiento de profesores: las «oposiciones» (actualmente las «habilitaciones»). No es éste el lugar de arremeter contra la endogamia y las triquiñuelas que se dan en torno a esas monótonas sesiones de escucha de los méritos y de los trabajos y «proyectos docentes» de los aspirantes.[3] Simplemente quiero señalar que

---

3. Como miembro de tribunales de oposición, todavía no he leído un proyecto docente dentro de mi área de conocimiento que pueda calificarse de original e interesante. La mayor parte son copias de otros precedentes y su formato es de una monotonía exasperante. Aparentemente, la creatividad no es una cualidad que brille en los aspirantes al profesorado. Lo que pasa es que, en más de un caso, se da una autocensura bien interiorizada: ser original y creativo en una oposición es correr un riesgo; uno está al albur de las disposiciones de los miembros del tribunal. Lo seguro es refugiarse en la *mediocritas* (que tiene poco de áurea…). La cultura universitaria tiene, como se ve, impulsos castradores.

también aquí está ausente la evaluación de la capacidad docente del candidato y que es arriesgado hacer profecías al respecto. La proliferación de universidades en el ámbito de todo el país ha dado acceso al profesorado universitario a muchos jóvenes (de ambos sexos) de treinta y pico años. Su vida académica va a durar, por término medio, otros tantos. Una visión optimista nos inclinaría a pensar que ellos son la «reserva natural» donde mejor pueden germinar «las nuevas vías de aprendizaje flexibles y centradas en el alumno». Una visión pesimista nos devuelve a la cruda realidad de un funcionario «intocable» que se actualizará en el campo de la docencia si así lo decide personalmente. ¿Qué incentivos —al margen de su motivación intrínseca— puede ofrecerle la universidad?

Pero antes que esto, ¿qué formación procura la universidad a sus nuevos profesores para estrenarse en sus funciones docentes? ¿Existe, complementariamente, algún tipo de formación permanente para los profesores ya curtidos en la docencia? Si por formación entendemos una serie de actividades ofrecidas al profesorado al margen de sus dedicaciones habituales (docencia e investigación) y dirigidas por expertos, al efecto de mejorar su calidad pedagógica, la respuesta es que hay muy poco de esto. En los últimos años los ICE se han lanzado a llenar este vacío y sus actuaciones parece que tienen éxito. Los que acuden voluntariamente reconocen, al menos implícitamente, que la calidad de su docencia es mejorable. Si la formación o «aprendizaje dirigido» no se da, todo se reduce al «aprendizaje por observación» y por trasmisión implícita de los patrones de conducta, las normas, los valores y las actitudes que el profesor novel capta en los colegas que le rodean. Quizá, más aún, influye aquí lo que guarda de su propia experiencia de estudiante. El proceso de socialización de todo recién llegado al seno de una institución es entrar en la «cultura de la sociedad de profesores» o de la «tribu académica», según la expresión de Tony Becher (2001). Supone un «aprendizaje» de diferentes aspectos de esa cultura. Tiene que hacer suyos (dándoles un sentido más o menos personal) ciertas pautas, valores, perspectivas, modos de relación que él encuentra ya establecidos y que rigen eso que llamamos «la vida del departamento».

- Es adquirir un cierto sentido de profesionalidad docente. Como mínimo estribaría en la preparación e impartición de sus cursos, atención a los estudiantes, exámenes, actualización de conocimientos, etc. Podría culminar en una conciencia de formador.

- Es asumir una representación de la mente de los alumnos que guía su relación pedagógica con ellos (véase el capítulo 4). Esta representación estará en los comienzos inspirada en la que ha percibido en sus profesores en su época de alumno.
- Es hacerse un «sitio» en el grupo de profesores del departamento. Para ello ha de conocer, cuanto antes mejor, los entresijos de la jerarquía no formal que allí reina, los centros de poder, las alianzas permanentes o coyunturales, los grupos enfrentados. Este punto es crucial para su carrera.
- Descubrirá poco a poco los valores que, con relación a la docencia, tienen vigencia en el grupo de profesores más alla del discurso oficial sobre «qué es ser profesor».
- Se hará una idea del peso que los colegas otorgan a las apreciaciones y opiniones de los alumnos. Suele circular el principio «los alumnos pasan, los profesores permanecen».

Todo esto se adquiere en el trato cotidiano con los colegas y alumnos, en las reuniones del departamento, en conversaciones informales y también en la propia práctica, en la cual incide decisivamente la concepción que se vaya formando de la mente estudiante. En bastantes casos será, como dice Bruner (1997), «la que sustenta la pedagogía del "sentido común": la mente del niño (o del adulto estudiante) es como una *tabula rasa*, el conocimiento es un material acumulado en la mente, el conocimiento que se adquiere reposa sobre el preexistente. La mente del discente es pasiva, es un receptáculo que hay que llenar».

Vicente Ferreres (1995) ha hecho una descripción realista del ambiente que con respecto a la docencia reina en bastantes departamentos. Es otra versión, más concreta, de prácticas culturales académicas con que se encuentra el profesor novel:

- «El departamento sólo se reúne cuando hay problemas (o tiene su reunión anual por imperativo reglamentario). Reuniones sobre docencia, coordinación de programas, análisis de las evaluaciones de alumnos, etc., son asuntos que no interesan.

- En los programas, con que consten los contenidos que hay que impartir y los exámenes que se llevarán a cabo ya es suficiente.
- Una buena enseñanza es aquélla que se presenta a través de discursos claros y bien estructurados. Cuando el aprendizaje no se produce es que los alumnos no hacen nada, no son inteligentes o están mal preparados.
- Sólo se evalúa a los alumnos. Esta evaluación se lleva a cabo parcialmente o al final del curso. Los exámenes son casi el único sistema de evaluación y se realizan en épocas que marca el calendario de la universidad.
- Entre investigación y docencia dedícate a la investigación, que es lo que cuenta a la hora de estabilidad laboral, aunque se hable de lo importante que es la docencia».

La autonomía que tienen los departamentos a la hora de designar los profesores de las asignaturas que les están confiadas y la ausencia de coordinación entre profesores de diferentes departamentos en torno a las asignaturas de los cursos provoca repeticiones, huecos, cuando no disonancias (o francas discrepancias) en la teoría que desconciertan a los estudiantes. Me apresuro a decir que esto último no es un problema grave, aunque sea una dificultad momentánea añadida. Los alumnos han de acostumbrarse a vivir en medio de controversias y conflictos entre saberes contendientes. Pero eso hay que hacérselo asimilar.

Hay que señalar, por último, un intento de mejora de formación de profesores noveles tan bien intencionado como fracasado. El Ministerio de Educación dispuso en su día que, previo a todo concurso, los profesores ayudantes debían pasar un curso académico fuera de sus universidades, en departamentos afines. Son contados los que han cumplido con esta norma. No es el lugar de enumerar las triquiñuelas a las que se ha recurrido para burlar esta disposición cuyo interés, desde el punto de vista de la formación del profesorado joven, es innegable. Sólo se puede aducir, en descargo, que no es de recibo exigir que los gastos adicionales que comportan estos traslados y estancias en otras ciudades corran enteramente a cargo de los afectados.

3. Clase magistral, enseñanza tutorizada y cursos a distancia

La clase magistral es la actividad profesoral por excelencia. El magister ocupa su cátedra (elevada) y expone, demuestra, argumenta. Al profesor se le garantiza una autoridad intelectual en la materia y cumple con la trascendental función académica de trasmitir *el saber* o *el saber hacer* de su disciplina institucionalmente reconocido. La clase magistral, como dice muy acertadamente F. Tarabay[4] (2003), es «una representación (teatral) que celebra el saber, que lo proclama y lo declama. [...] El saber conservado en los textos y sus autores cobra vida en la voz del profesor. El maestro (tómese este término en su acepción solemne) interpreta en un doble sentido: en la manera como tiene de enunciarlos y en la manera como les da sentido para el momento que vivimos». En la clase magistral el profesor detenta la palabra y en este sentido se habla de un discurso *monogestionado*; los estudiantes pueden, con todo, intervenir y de hecho esporádicamente lo hacen. No obstante, tiene una *dimensión dialógica* latente porque, por un lado, los profesores construyen su discurso adaptándolo a las necesidades y al nivel de los alumnos y, por otro, los profesores entran en un diálogo polifónico (Bahktine, en Todorov, 1981) al invocar, explícita o implícitamente, a sus coetáneos o a sus predecesores mostrando su acuerdo o sus discrepancias con ellos; es decir, polemizan, critican, matizan lo que otros han dicho (Tarabay 2003).

Sin embargo, junto a las luces, las sombras. No todas las clases magistrales que prodigan los profesores son precisamente eso: magistrales. Son rutinas expositivas (todo lo *polifónicas* que se quiera...; depende del tema y de la erudición del profesor) en las que los alumnos se limitan a escuchar y tomar apuntes. La clase magistral es una acción que busca la comprensión de los oyentes, pero la actitud de éstos es pasiva. No participan, por de pronto, en la preparación pero tampoco en la ejecución, ya que las preguntas que pueden dar lugar a una digresión o ampliación o los contrargumentos que abren discusiones y contraste de opiniones son prácticamente inexistentes. Por eso hemos calificado la clase magistral

---

4. Las ideas que desarrollo a propósito de la clase magistral en este apartado se inspiran abundantemente en la tesis doctoral de Fany Tarabay (2003).

de «discurso monogestionado». Podríamos decir que se da una (lamentable) postura en los estudiantes, fruto de su socialización para la institución escolar, que les dicta como norma (consensuada tácitamente con los profesores) no importunar para no ser importunados.

¿Por qué esto último? La respuesta podría ser: primero, el profesor goza del prestigio del saber que le concede su rol profesoral. En principio (y de acuerdo con Grice), el profesor dice la verdad, o sea, no se equivoca ni yerra en sus lecciones. Tampoco es —se supone— un sofista. Trasmite honradamente al alumno sus conocimientos. Pero también el profesor tiene un poder institucional que se traduce en aprobar o reprobar y los estudiantes saben, en la tradición institucional universitaria, que no siempre el objetar, preguntar, dudar es considerado como signo de interés... Segundo, es difícil para los estudiantes objetar (y por lo tanto provocar una argumentación profesoral que remueve la objeción y suscita consenso) porque no tienen materialmente tiempo de asimilar los conocimientos que les imparte el profesor y reflexionar *in situ* sobre los mismos. Tampoco les queda tiempo para preparar los temas con antelación, dado lo apretado del curso escolar y el número de asignaturas. Y ya se sabe: si no se han leído los temas, no hay ni dudas ni objeciones. Tercero, habría que distinguir entre adhesión intelectual plena (que puede ser frágil por múltiples razones: falta de interés, clases tediosas, temas mal desarrollados, etc.) y adhesión a «lo que se ha explicado» por la pragmática razón de que hay que dar cuenta de ello en un examen.

¿Ha de seguirse de todo esto que lo mejor es eliminar las clases magistrales? En absoluto. La clase magistral sigue siendo un puntal en la trasmisión del conocimiento canónico pero actualizado. Puede proclamarse —como algunos «gurús» lo hacen— que el conocimiento proposicional (los enunciados acerca del mundo) está pasado de moda, que el conocimiento hoy se gesta en la praxis. Toda práctica engendra conocimiento cuando deja de ser una formalidad operativa y el «practicante» reflexiona sobre lo que hace. A lo cual se puede añadir que, incluso para lograr una buena práctica, se hace necesario un maestro al lado: alguien que, de manera formal o informal, desvele los «trucos» para salir airoso. Y este tipo de enseñanza (que recuerda a los viejos aprendizajes de oficios como herreros, carpinteros, sastres...) es la trasmisión oral de una sabiduría y una experiencia que se trasluce en el discurso. Pero, aparte de esto, la clase magistral mantiene su función perenne en ciertos momentos del curso (no como recurso cotidiano y rutinario). El profesor puede abrir su curso con algunas lecciones magistrales que describan el panorama de la disciplina, orientando la indagación que luego deben llevar personalmente a cabo los estudiantes. El profesor puede intercalar lecciones magistrales que constituyen síntesis de fragmentos de la asignatura. El profesor puede rematar el curso con lecciones magistrales que pueden aclarar muchas ideas a medio hilvanar y desvelar relaciones inadvertidas. En los intervalos, los alumnos han de trabajar por su cuenta: buscar la información pertinente, cotejar las fuentes, sintetizar, reflexionar y dar cuenta de los temas, ya sea oralmente o por escrito. La labor de asistencia (de andamiaje, dirá Bruner) al trabajo personal de los estudiantes se lleva sobre todo a cabo a través de las tutorías.

La universidad española ha comenzado tímidamente a estrenar la «enseñanza tutorizada». Los alumnos, por grupos o individualmente, son incitados a acudir al despacho del profesor o profesora (cuyas horas de atención al estudiante y tutoría son anunciadas) y consultar con él o ella temas y detalles de la asignatura. La experiencia del que esto escribe es que la innovación no funciona, al menos por el momento. Ha habido atisbos de «tutorización» a través del correo electrónico. Han consistido en intercambios de opiniones en torno a temas que tienen una relación tangencial con el curso. De todos modos, bienvenida sea la discusión y el libre cruce de ideas.

Son múltiples las razones por las que las tutorías están amenazadas de fracaso. Aun a riesgo de ser repetitivo las enumero rápidamente. Los temas de las asignaturas o bien están suficientemente desarrollados en el texto o bien en los apuntes de clase (en cuya trascripción fiel y difusión colectiva los estudiantes, a veces, montan toda una «industria»). Puede que haya en el temario muchos puntos que aclarar ó discutir pero, como los estudiantes tienen que dar cuenta de varias asignaturas en competición, no tienen tiempo de asimilarlas a un ritmo sosegado que invita a la reflexión. Las preparan agónicamente en vísperas del examen y a lo más acuden eventualmente al despacho a solventar dudas en ese momento. Las sesiones semanales de consulta voluntaria en pequeños grupos no son «enseñanza tutorizada» aunque se le dé ese nombre. Mientras los alumnos estudien básicamente para examinarse; mientras no tengan pausa para asimilar temas y cuestiones; mientras, para ello, no «dialoguen» con los libros y apuntes distanciándose mínimamente del saber formulado; mientras, en una palabra, no se cultiven mentes abiertas al saber en sí (y todo esto es algo que atañe a los profesores), las tutorías serán una caricatura.

Ahora bien, el propósito del nuevo Espacio Europeo de Educación Superior es, como se ha dicho, que los universitarios se hagan, poco a poco y cada vez más, *gestores de sus aprendizajes*. Lo cual sitúa las tutorías en el primer plano de la actividad docente. Gestionar los estudios propios significa seleccionar asignaturas, al menos las optativas. Significa (probablemente) asumir mucho más directamente el trabajo de buscar información en bibliotecas, Internet, etc. Significa batallar con los textos, realizar síntesis y redactar monografías. Significa colaboraciones en equipo. Todo este listado está recogido —no en estos mismos términos— en las diversas declaraciones que han dado forma al EEES. El conjunto requiere una tutoría, si no individual al menos en pequeños grupos. El estudiante gregario, fiel amanuense del discurso profesoral, se tendrá que construir *su* texto. Seguramente le convendrá hacerlo con otros compañeros, pero para que ese «texto» (o cualquier trabajo universitario) no sea una yuxtaposición de fragmentos entresacados de aquí y de allá, habrá de discutirlo con el grupo y con el profesor. Las síntesis que debe lograr tienen que ser perfiladas y depuradas con él. Al profesor compete ahora sugerir y estimular la búsqueda de puntos de contacto, referencias cruzadas, con otras materias u otros saberes. Y también, en la medida de lo posible, hacer que el conocimiento textual trascienda en conocimiento aplicado.[5] En una palabra, el gran desafío del EEES se juega en el terreno de las tutorías.

5. No hablo aquí de la gestión del tiempo y de los ritmos de estudio. En absoluto es un tema baladí. En el Mensaje de la Convención de Instituciones Europeas de Enseñanza Superior (Salamanca, 2001) se dice que el número de créditos en el primer ciclo se prevé que sea entre 180 y 240. En carreras de 3 años supone 60-80 créditos por año. Si cada crédito tiene asignadas 30 horas, el número de horas de trabajo al año será entre 1.800 y 2.400, que, repartidas en 40 semanas, resultan entre 45 y 60 horas de trabajo por semana. Si el estudiante dedica 5 días a estudiar (sábado y domingo a descansar), deberá trabajar entre 9 y 12 horas diarias. Por otra parte, en la Declaración de la Conferencia de Rectores (CRUE) de octubre 2003 se habla de que el proyecto de fin de carrera puede estar excluido o incluido dentro de los 180-240 créditos.

Dedicaré una última reflexión a la modalidad de enseñanza a distancia que poco a poco va abriéndose paso en la universidad. No entraré en sus pros y contras pedagógicos, ni en sus parecidos o distingos con la enseñanza presencial. Me atrevo a constatar que inevitablemente constituirá en un futuro próximo parte integrante y habitual de la docencia y/o las tutorías. Por tres razones. La primera es bien pedestre: la construcción e infraestructura de un campus universitario está teniendo unos costes que el Estado no puede (o no quiere) asumir. Resulta mucho más económico un campus al menos parcialmente «virtual». La segunda razón es que hoy día nadie sostiene que para que un estudiante tenga acceso al conocimiento y al trato con especialistas haya de trasladarse materialmente al lugar donde éstos imparten su docencia. Para eso existe el correo electrónico, como existen fuentes de información accesibles a distancia. Esto ya sucede en el caso de los doctorandos. No es perentorio, para realizar la investigación que constituye la tesis, desplazarse dos o tres años a la universidad que la refrenda. A veces ni siquiera es conveniente, en particular si se trata de una investigación de campo que ha de realizarse en el territorio de origen del doctorando. No es el caso, evidentemente, de tesis doctorales en dominios como la física o la biología que precisan una tecnología muy avanzada y localizada en un centro. Por añadidura, cada vez escasean más las dotaciones de becas de doctorado. La tercera razón es que la docencia, sobre todo en los primeros ciclos universitarios, son «textos» accesibles: son o bien libros o bien síntesis de conocimientos que constituyen la lección del profesor (los profesores apenas tienen oportunidad en esos primeros cursos de explicar sus investigaciones; lo que hacen es dar su propia visión de la asignatura siguiendo fuentes autorizadas). Hay entonces que preguntarse si esta «dejación» del trabajo que cómodamente se hace en manos del profesor no puede ser (incómodamente) asumida por los alumnos, dirigidos por los profesores, presencialmente o a distancia.

Esto último trae de nuevo a escena las tutorías, que pueden ser a distancia. Aquí es donde quería llegar: corresponder con los alumnos a través del correo electrónico, orientarles, dirigir sus trabajos es enormemente costoso en tiempo y esfuerzo. Mucho más que dictar lecciones «magistrales» o, para ser menos pretenciosos, más que la enseñanza oral. Por lo tanto, la docencia universitaria a distancia va suponer no sólo un cambio de hábitos docentes en los profesores, sino una inversión de tiempo más considerable. Mi augurio no es que *toda* la docencia va a ser próximamente a distancia o «virtual», sino que se instaurará paulatinamente. La universidad ha de prepararse para este cambio en su cultura.

4. Mas allá de la docencia

En los medios psicopedagógicos suele a veces contraponerse instrucción a educación: no hay que confundirlas ni reducir la segunda a la primera; la educación va más allá de la pura docencia. Mi punto de vista es que no hace falta que se adorne la docencia —la buena docencia— de guirnaldas educativas. *La docencia de calidad es ya educación*. Es educación de la mente y del juicio, es invitación a la reflexión, es proclamar la excelencia del conocimiento e, indirectamente, prevenir sus usos y abusos. El ejercicio de la «acción comunicativa encaminada a comprender» (Habermas, 1979) es lo que caracteriza a cualquier profesor que merece ese nombre. Cualquier lenguaje, y el de un profesor en especial —prosigue Habermas—, se sitúa en dos niveles simultáneamente: el nivel del contenido que se quiere trasmitir, realidades que se quiere hacer comprender, y el lenguaje que comunica a nivel intersubjetivo, que establece una relación entre hablantes (entre profesor y alumnos) motivando a la aceptación de lo dicho. Los dos son aspectos inseparables. Los profesores comunican no sólo realidades (llamémoslas así aunque son, en definitiva, construidas socialmente) sino que comunican sus propias experiencias de reconstrucción de esas realidades. Por su parte, los alumnos tienen acceso a nivel intersubjetivo a aquellas experiencias. La trasmisión de esta experiencia, añadida a la comprensión del contenido, refuerza la comprensión que el profesor busca. La clave de la trasmisión convincente de la experiencia del profesor está en la fuerza ilocutiva de sus actos de habla. No se trata sólo de la comprensión gramatical de enunciados. Con un acto ilocutivo (una frase afirmativa, interrogativa, condicional...) «el profesor hace una oferta que puede ser rechazada o aceptada» *(ibid)*.

La distinción que establece Habermas entre actos de habla institucionalizados y no institucionalizados tiene, en la misma línea, una repercusión importante para el tema de la clase. Él se pregunta que cómo es posible que el oyente (el estudiante) sea movido a confiar en el profesor y en lo que dice (el tema, el saber que trasmite). El profesor obligaría a aceptar determinada doctrina porque tiene un poder temible: aprobar o reprobar. Tampoco cabe duda de que la falta de sentido crítico, la ignorancia y el consenso sobre la institución escolar como fuente garantizada de conocimientos está determinando la actitud confiada y receptiva de los estudiantes. Pero, en la situación más ideal, aunque bastante extraña a la práctica docente universitaria, el oyente-estudiante es, o debe ser, alguien que reacciona a lo que escucha, asintiendo o disintiendo. En el caso de que acepte, es cuando la pregunta de Habermas cobra su pleno sentido. Lo que él propone es que hay una condición esencial para el éxito del discurso profesoral y es que el profesor *asuma un compromiso específico con lo que dice*. Sólo así el estudiante podrá confiar en él. Un acto de habla profesoral cuenta como una aserción, como una duda, como un condicional si el hablante se compromete con lo que afirma, deja en el aire su proposición o la somete a condiciones. Compromiso significa que, en cada caso, el profesor está dispuesto a asumir las consecuencias de su afirmación, de poner algo en tela de juicio o de augurar condiciones de su realización.

Pero hay otros aspectos de la labor profesoral que no deben darse fácilmente por sobreentendidos. Se trata de ciertos aspectos formales del docente como profesional. Me refiero a su puntualidad a la hora de impartir la clase, a su preparación inmediata de la misma, a su habilidad como trasmisor de conocimientos, a su respeto por las personas de los alumnos. Algunos hablarían aquí de entrega o de compromiso. Prefiero recurrir al término menos usual de profesionalidad. Es indudablemente una forma de ética. Trasmite subliminalmente una actitud ejemplar. Nuestros estudiantes no necesitan grandes prédicas acerca de cómo deben comportarse como estudiantes. Acérquese el profesor al ideal recién esbozado y eso quizá sea más productivo.

Suscribo plenamente la opinión de un especialista en educación superior: «La universidad ha de convertirse en una organización de/para el aprendizaje y no simplemente una organización en la que el aprendizaje puede tener lugar. Una postura reduccionista a propósito de la *learning organization* es limitarse a incitar a sus miembros a asistir a cursos o a mejorar sus capacidades con vistas al puesto que desempeñan. Aquí es del todo relevante el concepto de "currículo oculto" porque el entorno y la experiencia que provee la universidad es más generador de aprendizajes que ningún otro *curriculum* escrito. Esto aparece muy claro en áreas como las conductas racistas o antirracistas, conductas de género, acosos y mediombientalismo. ¿Qué aprenden los estudiantes de nuestros comportamientos profesorales acerca de la autoridad, la autonomía y la responsabilidad? ¿Hasta qué punto el aprendizaje autodirigido, la independencia de pensamiento forman parte de la estrategia docente? ¿Qué es lo que los estudiantes perciben, experiencian e internalizan acerca de las recompensas o los sutiles castigos que les deparan ciertas conductas? Éstas son cuestiones que atañen a crear y mantener una cultura universitaria en la educación superior. Son también pertinentes a la hora de crear un "entorno de aprendizaje" en el que los estudiantes —que están aprendiendo— puedan desarrollar su juicio, ensayar conductas y descubrir las consecuencias y el provecho que sacan de sus habilidades, confianza y habilidad para poner en práctica muchas facetas de su personalidad y potenciales requeridos para una multiplicidad de roles en la vida de una sociedad del aprendizaje. Son todos ellos roles sociales, domésticos, culturales y cívicos así como roles de empleado-productor y consumidor» (Duke, 1997).

Bibliografía

Becher, T., *Tribus y territorios académicos*, Barcelona, Gedisa, 2001.

Bruner, J., *La educación, puerta de la cultura*, Madrid, Visor, 1997.

Duke, C., «Towards a Lifelong Curriculum», en F. Coffield y B. Williamson (comps.), *Repositioning Higher Education*, Open University Press, 1997.

Ferreres, V., «El desarrollo profesional de los profesores universitarios», seminario sobre Evaluación y Formación del Profesorado Universitario, ICE, Universidad de Huelva, 1995.

Habermas, J., «What is Universal Pragmatics?», en *Communication and Evolution of Society*, Londres, Heineman, 1979.

Tarabay, F., «Estrategias argumentativas del discurso docente en la clase magistral universitaria», tesis doctoral, Universidad de los Andes, Venezuela, 2003.

Todorov, T., *Mihaïl Bahktine, le principe dialogique*, París, Le Seuil, 1981.

Zabalza, M. A., *La enseñanza universitaria: roles, funciones y características*, seminario sobre Evaluación y Formación del Profesorado Universitario, ICE, Universidad de Huelva, 1995.

Segunda parte

CONOCIMIENTO Y FORMACIÓN UNIVERSITARIA EN UNA SOCIEDAD CAMBIANTE

4

CULTURA Y EDUCACIÓN.
CONVERSACIÓN CON JEROME BRUNER

Hace poco ha publicado Bruner (1996) un libro titulado *The culture of Education,* traducido acomodaticiamente al castellano como *La educación, puerta de la cultura.*[1] Bruner prosigue su cruzada personal en pro de la renovación de la psicología y, más concretamente aquí, de la educación recogiendo y ampliando temas que ya ha tratado en libros publicados algunos años atrás.[2] Es este último —el de la relación entre cultura y educación— el que quiero explayar aquí, pues su empeño por articular la cultura peculiar de la escuela con la cultura en sentido amplio nos abre unas perspectivas que iluminan el núcleo temático de este libro: el conocimiento y su «encarnación» en las personas que lo trasmiten y sus modos de comunicarlo.

Bruner recupera aquí bastantes de los temas explícitos o sólo esbozados en los libros anteriores y los glosa con convicción persuasiva. Algunos de los explícitos son: la incidencia de la *folk-psychology* en la tarea docente, la importancia del conocimiento no sólo racional y científico sino del que echa sus raíces en la interpretación (hermenéutica) y la narrativa como útil en la trasmisión/adquisición de conocimiento. Los implícitos son los prerrequisitos de intersubjetividad en la comunicación

---

1. Los extractos del texto de Bruner son mi traducción directa del inglés. Puede, por tanto, que no coincidan literalmente con la traducción mencionada.

2. *Realidad mental y mundos posibles* (Barcelona, Gedisa, 1986) y *Actos de significado* (Madrid, Alianza, 1998)

(escolar, por citar un caso), las antinomias que surgen en la tarea de educar a las generaciones de un mundo culturalmente variopinto, el papel crucial que otorga a la metacognición y la toma de conciencia en los educandos. Sobre todos ellos campea la convicción de que hay que dar un vuelco decisivo a la cultura escolar. Al filo de los capítulos, estos «motivos» se van entrecruzando —a veces sinuosamente— y dibujan, en conjunto, un mosaico de ideas sugerentes. Si digo «mosaico» es porque el discurso de Bruner no ofrece continuidad expositiva y argumental. En parte porque es una recopilación de escritos anteriores y conferencias ya pronunciadas. En todo caso, esta dispersión no me parece que sea un defecto. Somos, quizá por influencia de la pedagogía infantil (o infantilizada), muy proclives a otorgar un diploma de «buena exposición» (didáctica) a la que discurre en ordenada progresión. Es hora de reconocer que el orden y la concatenación de ideas pueden (o deben) ser obra también de la mente que, al hacer suyo el discurso, lo entreteje en su propio universo de ideas.

Volviendo al título del libro, creo que el original —*La cultura de la educación*— responde mejor al contenido que su traducción tanto más que, si ciertamente la educación es una puerta a la cultura, no lo es menos a la recíproca. Como el mismo Bruner afirma en su capítulo 3, la principal función de la educación es trasmitir la cultura; al mismo tiempo, la cultura sienta el marco de la educación prescribiendo qué es lo que tiene que trasmitir de manera informal (socialización familiar) y de manera formal (educación escolar). Hay, pues, un bucle de retroalimentación entre educación y cultura. Una de las ideas favoritas de Bruner es que «el aprender y el pensar están *situados*». Lo están dentro de cada cultura que *propone* qué es lo que hay que aprender, cómo se ha de enseñar e, ipso facto, *impone* sus condicionamientos, concretamente a través de las peculiaridades de organización del sistema escolar. Y enseñar implica forzosamente enseñar a pensar.

Pero la cultura opera través de las instituciones y, si hay algo profundamente institucionalizado en nuestas sociedades de hoy, es la educación. Aunque Bruner no entra a fondo en este aspecto, en numerosos lugares de su discurso alude a la institución escolar. Ya desde el comienzo del libro (capítulo 1), aborda el tema sin rodeos: «A medida que la educación en el mundo desarrollado se ha convertido en una institución, se comporta como las instituciones suelen y deben hacerlo y padece los inconvenientes comunes a todas las instituciones». Quiero partir de esta idea, que más que un postulado es una constatación, para ampliar y perfilar en esta primera parte del presente capítulo las que he ido desgranando en los capítulos precedentes.

1. La institución escolar modeladora de las representaciones colectivas de sus miembros

Las instituciones nacen de convenciones que las personas adoptan con el objeto de coordinar sus actividades en la vida social. Hay multiplicidad de instituciones: la realeza medieval y el papado eran (y este último es) una institución; el sacerdocio, la familia, el derecho, la economía, la docencia, la política, los medios de comunicación, etc. son instituciones. Dentro de algunas instituciones las convenciones para la coordinación cristalizan en una reglamentación y nacen así las organizaciones. Las instituciones (y sigo aquí a Mary Douglas, 1986) no sólo tienen una dimensión transaccional —la coordinación de la actividad—, que es la más obvia y visible, sino también otra cognitiva. Ésta, cuyo objeto es hacer frente a la fragilidad inherente a la acción concertada de sus miembros (asegurarse de que hacen lo que tienen que hacer, evitar deserciones, hacer frente a los ataques), tiene dos esplendorosas manifestaciones: el esfuerzo (intelectual) de *legitimación* y la decantación de un *estilo de pensamiento colectivo*. Son sendas concreciones de ese «comportamiento de las instituciones» al que Bruner ha hecho alusión. Voy a explorar a continuación estos dos aspectos — pensamiento colectivo y legitimación, por este orden — espigando ideas de Bruner en el libro de referencia.

Bruner insiste en numerosos pasajes en que la manera de educar, o más precisamente, el arte de la trasmisión de los conocimientos presupone en el trasmisor una representación de la mente del educando-aprendiz. Y esta representación que guía los modos de actuar del educador-enseñante tiene un intenso componente de «sentido común», de «visión tradicional». Él lo denomina *folk-pedagogy*, término que sería casi ofensivo traducir por pedagogía folklórica o popular (a este tema dedica el capítulo 2 de su obra). Es un pensamiento colectivo e intuitivo acerca de los educandos y de cómo funciona su mente. Tiene varias dimensiones. Una es concebir la mente de los que están en edad escolar, universidad incluida, como un «vacío que llenar». Los niños (y cuanto más niños, más) son seres que no saben (ignorantes) y por eso la función del maestro (alguno diría la «misión», dando a esta palabra su sentido evangelizador) es impartir conocimientos. Se trata, metafóricamente, de «ilustrar», o sea, hacer brillar la luz allí donde antes sólo había tinieblas. Hay que objetar que los niños y jóvenes, más hoy en día con los «media» e Internet a su alcance, tienen conocimiento de muchas cosas al margen de la escuela. Tratarlos de ignorantes es contraproducente: consigue crear dos o más cauces de saberes incomunicados y refractarios el uno al otro: el cauce escolar y todo lo que se aprende fuera de la escuela. Es, por tanto, poco razonable que los docentes adopten una postura de suficiencia que devalúa los saberes que se aprenden fuera de la escuela (incluso en «la calle») frente a los que ellos trasmiten.

¿Es que no se pueden buscar puntos de encuentro entre los saberes escolares (los que impone el *curriculum*) y esos otros saberes que tocan de cerca al día a día y las preocupaciones de los chicos y chicas que asisten a las clases? Bruner da algunas ideas sugerentes al respecto. Hace repetidos elogios del trabajo pedagógico de Ann Brown en Oakland (California). Comenta cómo aquellos muchachos, concienciados por la catástrofe ecológica del *Exxon-Valdez*, en las costas de Alaska, descubren que el aceite de cacahuete puede servir para disolver el fuel adherido al cuerpo de las aves marinas. (El paralelismo con la catástrofe del *Prestige* en las costas de Galicia en 2003 no puede ser más oportuno.) «Es crucial que reconozcamos que los niños no sólo deben desarrollar sus capacidades básicas; hemos de despertar también en ellos un sentimiento de participación efectivo en una comunidad abierta a las iniciativas», apostilla Bruner. Esta participación debería cristalizar en algo concreto, lo que él (siguiendo al antropólogo francés Meyerson) llama «oeuvre», una obra «que realiza un grupo reducido y de la cual está orgulloso, que realza su identidad y que da un sentido de continuidad a todos los que han participado en su ejecución». Lo que Bruner está proponiendo aquí es que la acción docente se traduzca, al menos esporádicamente, en obras concretas que rompan la ficticia «burbuja» escolar y que tengan proyección pública en la comunidad. No sólo eso, sino que también, en alguna medida, la escuela se haga eco de sus preocupaciones del momento. Esto supone dos cosas: reconocer a los alumnos su cualidad de agentes (no solo receptáculos pasivos de un discurso profesoral) y situar al profesor como cooperador cercano en iniciativas que motivan a los aprendices. Hay que acercar la enseñanza al ideal del viejo aforismo: *non scholae sed vitae*.[3]

Otro lugar común en la *folk-pedagogy*, y que guarda relación con la concepción de la mente del educando-aprendiz, es la de su escasa *motivación para el conocimiento*. No hay que negar que así es, pero ¿se inquiere dónde están, al menos parcialmente, las causas de la pasividad escolar? Mientras la psicología y la pedagogía intuitivas estén convencidas de que los niños y jóvenes, *por naturaleza*, son perezosos, distraídos, desordenados, poco previsores del futuro (¡ah, la fábula de la cigarra y la hormiga en boca del maestro!), los docentes seguirán asumiendo que parte esencial de su tarea es incentivar la motivación para aprender (rendimiento escolar). De ahí la parafernalia de premios, calificaciones, discursos persuasivos, castigos… Pero la *folk-pedagogy* es reacia a caer en la cuenta de que todo eso no es más que un andamiaje (una idea muy bruneriana, por cierto), que la motivación ha de ser construida «desde dentro». En último análisis, la motivación por el conocimiento es, si R. W. White (1959) no está equivocado, *intrínseca*, o sea, está inscrita en nuestra naturaleza biológica. Lo cual no quiere decir que se haya de prescindir del andamiaje en el despliegue de la motivación sino que hay que plantearse cómo gestionar la provisionalidad de ese andamiaje con vis-

---

3. Pero aun reconociendo que no es nada fácil ni cómodo convertir una clase en un campo de prácticas o en un laboratorio de ensayos para producir «oeuvres», sí que es factible traer al aula asuntos que acaparen el interés de los alumnos y montar «foros de discusión». En nuestro mundo de hoy temas como el terrorismo, el choque de civilizaciones, los fundamentalismos religiosos, la globalización, la tecnología y las armas de destrucción masiva, la legalidad internacional y la llamada «guerra preventiva» se prestan a ello. No se trata de que una «lección» sobre las armas químicas se desarrolle sólo en clase de química, que sobre globalización se discuta en económicas, que sobre sobre fundamentalismos se hable en clase de ciencias sociales o de psicología, etc. Se trata de «acercar» la escuela a la vida social, hacer de ella un instrumento de reflexión sobre lo que pasa en el mundo y nos afecta. Y en este sentido cualquier sesión escolar es oportuna y cualquier profesor sabe lo suficiente como para moderar una discusión que seguramente entusiasmará a sus estudiantes.

tas a que los estudiantes, a todas las edades, se responsabilicen de la adquisición de sus conocimientos. La *folk-pedagogy* no se plantea que la cultura escolar (la reglamentación burocrática, la profusión de la palabra en los docentes, el trato colectivo que reciben los alumnos, la disciplina a que están sometidos, la inexorabilidad de los *curricula*, etc.) es, cada vez más, un revulsivo a la motivación para el estudio. Bruner dice con toda razón que «la escuela es ya toda una cultura en sí» y se puede añadir que los últimos en percatarse de ello son los que viven (ensimismados) esa cultura. Como los peces que desconocen lo que es el agua...

También en relación con la *folk-pedagogy*, aunque sea para sacudirla de su sopor, Bruner aboga por que la escuela contribuya a distinguir entre el saber popular, acumulado y repetitivo, y el conocimiento que se depura a través de una crítica distanciada, objetivante. La escuela, afirma Bruner, debe activar la búsqueda de «razones para aceptar (tal o cual proposición)». Aquí se vislumbra la entrada en escena de la *interpretación*: por qué lo que fue «verdad» en su tiempo puede que no lo sea tanto (o no lo es en modo alguno) hoy para la mente reflexiva. Pero sí que hay proposiciones, situaciones humanas, cuyo «valor de verdad» perdura a condición de ser reactualizadas, resituadas en nuestro contexto más actual. Como no podía ser de otro modo, Bruner alude a los clásicos del teatro —los griegos, Shakespeare, pero podían ser otros muchos más— cuyas obras son aldabonazos a la mente reflexiva que vuelve sobre ellos. Con estos clásicos, propone, hay que conversar animadamente, hay que apropiarse del saber que ellos elaboraron en su circunstancia histórica. Ha de ser una apropiación «distanciada» (en el sentido de objetiva) y, al mismo tiempo, «aproximante» por cuanto uno reinterpreta aquel saber dentro de las coordenadas de la vida social actual y es sensible a sus repercusiones en la vida personal. Dicho con más solemnidad, la escuela debe proporcionar una iniciación a la hermenéutica

Otro tema que choca con la representación colectiva que la escuela mantiene de los estudiantes es el valor que Bruner da al *aprendizaje en colaboración*. Ciertamente, enseñar-aprender, ya se dé en la familia, en la escuela o donde sea, es un ejercicio de colaboración. Pero la propuesta va mucho más allá. Se trataría, de un lado, de que en la conquista del conocimiento la colaboración, profesionalmente obligada, de los docentes fuera complementada por una colaboración de los alumnos entre sí.

Bruner se hace una pregunta, «ingenua pero fundamental: ¿cómo concebir la escuela a la manera de una subcomunidad que se especializa en que sus miembros aprendan? Una respuesta obvia —prosigue— es que sea un lugar donde, entre otras cosas, los que aprenden se ayuden unos a otros en esta tarea, cada uno según sus propias capacidades. Lo cual no excluye la presencia de alguien que haga el papel de maestro. Comporta, ni más ni menos, que el maestro no tenga el monopolio en su papel, que los que aprenden se «apuntalen» también unos a otros» (pág. 21). Corrientes modernas en psicología de la educación que se inspiran en la psicología social proponen que los estudiantes se hagan con los conocimientos en un intercambio de informaciones, opiniones, indagación participativa, etc. La propuesta se resume en la frase «co-construcción del conocimiento». Todo ello puede remarcharse con otro tema muy en boga y del que Bruner se hace eco: el saber está distribuido. Las fuentes del conocimiento son múltiples. No sólo existe aquel bloque que proponen los *curricula* escolares sino que, a su lado, existe el que se ha adquirido en el seno de la familia, el que se consigue en dominios donde uno es experto, el que proviene de ahondar en campos que suscitan la curiosidad, etc. ¿Por qué no aprovechar esta potencialidad tan rica y fecunda de «acúmulo de conocimientos» individuales para crear, como se dice hoy día, una comunidad de aprendices?

La respuesta de la institución escolar no es de lo más alentador. *Institucionalmente*, los conocimientos son un asunto personal, como lo prueban las calificaciones y diplomas. Lo cual confunde lamentablemente el cómo se da cuenta de los conocimientos (procedimientos individualizados) frente a cómo se elaboran. Asimismo, *institucionalmente* se sostiene que cada mente se apropia de los conocimientos en un esfuerzo asimilador que depende de las capacidades intrísecas de la mente individual. *Institucionalmente* se reconoce que la solidaridad de los alumnos es contraproducente para los fines de la institución; su cooperación no acostumbra a funcionar más que para burlarlos. Algo de ello se apuntó en el capítulo 1. No obstante, aunque es innegable que todo aprendizaje supone que ese conocimiento, que está «afuera», va a ser objeto de apropiación, no podemos pasar por alto detalles algo más sutiles. En primer término, el conocimiento que manejamos viene de lejos, ha sido creado y se va acumulando en un esfuerzo colectivo inmenso. «Descansamos sobre los hombros de nuestros antepasados gigantes.» Mal que pese a los seguidores fervientes de Jean Piaget, ya desde muy chiquitos, los niños aprenden mucho más de sus mayores que lo que por sí mismos descubren en su actividad curiosa e incansable. La ciencia, la historia, las letras, la ética, la filosofía y particularmente el lenguaje (la llave de acceso a estas disciplinas) son un legado. En segundo lugar, la mayor parte de los conocimientos accesibles a la mente está fuera de ella. Está en los textos que lo conservan, incluso con las palabras originales que los alumbraron. Está en la revistas científicas, que lo actualizan. Está en los excelentes documentales de divulgación. Hoy día está también en la «red». El conocimiento está asimismo en lo que Vygotsky denominó «instrumentos de mediación semiótica»: mapas, fórmulas, esquemas, lenguajes formales, convenciones gráficas, etc. En tercer lugar, la tesis de que la mente se hace con el conocimiento en base a una elaboración personal es sólo una faceta del proceso de aprendizaje. Hoy día la psicología, *nemini discrepante*, está de acuerdo con el postulado de Vygotsky: la construcción de los significados (conocimiento) procede en dos fases simultáneamente: una intermental (intercambio, discusión…) y otra intramental (asimilación personal). Se trata de un auténtico círculo dialéctico. Hay que situar el punto de mira en esa dinamicidad global y dar cabida, *institucionalmente*, a otros datos que compiten con el monopolio que detentan los textos escolares (el discurso del maestro y el de los libros de cada materia).

Si algo puede condensar este alegato, es la refrescante idea de *comunidades de aprendizaje* a la que también dedica Bruner una mirada. «Concibo el sistema escolar y preescolar como algo que sirve a la renovación de nuestra cambiante sociedad. Ello comporta que construyamos una cultura de la escuela que haga de ésta una comunidad de aprendices, personas implicadas conjuntamente en la resolución de problemas, todos contribuyendo al proceso de educarse unos a otros. Grupos así no son sólo focos de instrucción sino focos de identidad y de trabajo mutuo. Hagamos que estas escuelas sean un lugar donde se practique (y no solo se proclame) la mutualidad cultural. Lo cual significa que los niños avanzan en la comprensión de lo que están haciendo, de cómo lo están haciendo y por qué» (pág. 81).

No quisiera concluir mis comentarios sobre la *folk-pedagogy* sin aludir a otra de las elaboraciones de las instituciones que pasa más desapercibida. En su lúcido y corrosivo análisis acerca de éstas, Mary Douglas argumenta que el pensamiento de grupo o representaciones sociales compartidas es una modalidad de «bien común» que se cultiva por ser el mejor aglutinante para hacer frente a las críticas y disidencias. Una parcela de éste es establecer *clases o categorías* dentro del terreno en que se mueven. Estas categorías funcionan a la manera de «realidades» esculpidas en la mente de sus miembros. La institución escolar categoriza a los alumnos: listos/torpes, rápidos/lentos, trabajadores/vagos, avanzados/retrasados, con/sin futuro, aprobados/suspendidos, etc.; la institución escolar clasifica las materias de docencia por de pronto según lo hace el *curriculum*, pero, yendo más allá, nos topamos con la dicotomía central de *ciencias* versus *letras/humanidades* que se prolonga sutilmente en estas otras:

Inteligencia científica	Mentalidad humanisticoliteraria
Concreta	Difusa
Objetiva	No objetiva
Tecnológica (progreso)	Contemplativa, artística
Con vistas al futuro	Vuelta hacia el pasado
Salario y estatus altos	Salario y estatus bajos

Y como extrapolación de la misma escala comparativa:

Carreras para hombres	Carreras para mujeres

Otras clasificaciones al uso, que tienen sus innegables connotaciones sociales, son la de formación profesional *versus* formación con vistas a carreras superiores y la de escuela privada *versus* escuela pública. Está última clasificación se recorta en parte con la de confesional/aconfesional.

La clasificación curricular tiene indudablemente sus funciones positivas pero también presenta disfunciones. La que parece más evidente es la de convertir la enseñanza en otros tantos compartimentos estancos que son las asignaturas (al fin y al cabo *clasificaciones* del saber). Los maestros y profesores se autolimitan exponiendo sólo lo que el programa les dicta a estos propósitos. O, dicho al revés, se prohíben hacer incursiones en el terreno de otras y más aun si esas «derivaciones» tienen un contenido politicosocial. Consecuencia: el *curriculum* implícitamente sugiere que hay un tipo de razonamiento matemático, otro biológico, otro histórico, otro geográfico y otro de las ciencias sociales. Si a ello se añade la rigidez burocrática en la exigencia de impartir todo el programa rubricado por el texto escolar tenemos las consecuencias (que es toda una mentalidad) denunciadas en el capítulo 2. En estas circunstancias, la caracterización que hace Jerome Bruner del *curriculum* —«una conversación animada sobre temas nunca totalmente delimitados» (pág. 116)— resulta casi utópica.

Las instituciones, como tales, son remisas a reconocer que no siempre funcionan como se espera de ellas, que se desvían de los objetivos que las justifican, que hacen de su pervivencia un fin en sí. Sus miembros son resistentes a los cambios y reformas, legitiman sus modos de actuar, envuelven sus fracasos en una nube de retórica disuasoria. Uno de los argumentos de la institución escolar es refugiarse en los «valores eternos» de la educación (entendida a su manera), en la necesidad indiscutida de ésta que se justifica echando mano de un conjunto de analogías del mundo de la naturaleza. Educar, metafóricamente, es «sembrar», «cultivar», «hacer crecer», «enderezar», «arrancar malas hierbas», «cosechar»; educar es pasar del estado «silvestre» al «cultivado». La escuela es un jardín, un pensil, un invernadero en el que se dan todas las condiciones (artificiales) para el desarrollo del espíritu humano.

Nos encontramos, en fin, con que muchos de los miembros (¡no todos!) de la institución escolar han asumido esta visión folklórica y, ya sea por rutina o porque las circunstancias en que trabajan les han cerrado el horizonte, son incapaces de una postura de autocrítica y búsqueda de mejora. Las instituciones, comenta Mary Douglas, «dirigen sistemáticamente la memoria de las personas, congelan procesos esencialmente dinámicos, enmascaran su influencia, excitan las emociones, se arrogan el discernir lo que es recto y anegan con una cascada de confirmaciones todos los niveles de nuestro sistema de información. Cualquier problema sobre el que intentamos discurrir se convierte sistemáticamente en *su* problema organizacional. Las instituciones tienen la patética megalomanía de las computadoras: su visión global del mundo es su propio programa» (pág. 92).

De ahí el fracaso repetido de muchas de las reformas de la institución escolar que se han propuesto o que se han acometido. El Club de Roma, Paulo Freire, Iván Illich y otros muchos sociólogos y pedagogos que han alzado la voz tratando de corregir las disfunciones de la institución se han encontrado ante un farallón inconmovible. ¿Podemos albergar esperanzas ante las reformas, bastante radicales, que la Comunidad Europea está gestando y que van en la misma línea que propugna Bruner? La institución escolar no es una isla en el panorama social. Las mejoras que se buscan requieren muchas veces fuertes aportaciones económicas, pero quizá no es eso el mayor obstáculo. La resistencia proviene del profesorado secundado por los intereses de las familias clientes. Mientras la institución —el profesorado y las familias— siga poniendo como gran objetivo el rendimiento académico y sea éste medido por las calificaciones, mientras todo el esfuerzo se cifre en cumplimentar inflexibles programas de estudio encorsetados en el *curriculum*, no habrá mejoras. Habría que inventar otras modalidades de educación de la mente que *acompañasen* la necesaria instrucción (que hoy es lo que prevalece). Es una estupidez oponer instrucción a educación. Una buena comunicación de conocimientos educa los espíritus; ahora bien, la educación no se consuma en la instrucción. Ambas han de acoplarse.

En esa línea se posicionan muchas de las propuestas de Bruner. Él se lamenta de que «no hemos conseguido aún formular un enfoque de la primera educación que esté acorde con las complicadas condiciones en que nos toca vivir hoy en día». ¿Cuál sería ese enfoque?. He aquí algunas propuestas:

- Dar a los educandos un sentimiento de sus propias posibilidades de desarrollo.
- Darles la oportunidad no sólo de desarrollar su capacidades, sino también un sentimiento eficiente de participación en un comunidad abierta a las iniciativas.
- Enseñarles a tratar las ideas respetuosamente, con pragmatismo y activamente
- Que asuman su responsabilidad sobre lo que aprenden, que se inicien en «pensar cómo piensan».
- Elevar la consciencia de los educandos, potenciar su autoestima.

- Explorar las implicaciones en la práctica de lo que se les prescribe.
- Hacer de la escuela una comunidad en colaboración, un auténtico grupo.
- Lograr que los niños y jóvenes se percaten de que los humanos no actuamos inmediatamente sobre el mundo sino en base a las creencias que tenemos acerca de éste.

El Bruner visionario concluye con una proclama revolucionaria: los centros cuyas actividades se organizan hacia estos objetivos constituyen enclaves de una saludable *contracultura escolar*.

2. Narrativa y comprensión del mundo

Un centro de interés, recurrente en el universo intelectual de Bruner, es su apología de la narrativa. En *Realidad mental y mundos posibles* hace una primera incursión en el tema, pero es en *Actos de significado* donde Bruner eleva la narrativa al rango de clave de bóveda de la *folk-psychology*. Esta psicología del «hombre de a pie», casi en las antípodas de la Psicología (con mayúscula), concibe a los actores de la comedia humana (o tragedia, depende…) como seres que se mueven en base a su conocimiento de la situación, a sus intereses, intenciones, deseos, sentimientos, etc. Dado que estos estados anímicos no son directamente observables, nuestro discurso acerca de éstos resulta de una *interpretación*. Pero es una interpretación inspirada en los patrones típicos de cada cultura. (En este sentido, la *folk-psychology* está entroncada en la psicología cultural.) La acción dramática —el argumento de la narración— se pone en marcha cuando las intenciones, deseos, creencias, expectativas de su protagonista se ven obstaculizados por un suceso que nace del estado de ánimo de otro u otros personajes o simplemente de una ordenación social concreta (*Romeo y Julieta*, por poner un ejemplo). El conflicto y su resolución están en el nudo de la narración. Los eternos mitos de la humanidad (*mito* significa relato) son otros tantos prototipos: Edipo, Ulises, la Torre de Babel, Tristán e Isolda, Fausto, etc. Pero hay algo más que Bruner señala sagazmente. Los mitos (relatos) hablan de la transgresión, del orden social violado, y *toda cultura ha de dar alguna explica-*

ción de lo que está fuera del orden: «La viabilidad de las culturas, —dice— reside en su capacidad de resolver los conflictos, explicando lo que aparece como extravío y renegociando los significados comunitarios» (1998, ed. inglesa, pág. 47). Parte de esta renegociación está en el desenlace: salvación o castigo. Justamente las narraciones se encuentran en el epicentro de esta empresa. Si, cuando sucede algo anómalo, surge la pregunta «¿cómo ha podido pasar esto?», *alguien cuenta una historia* donde aparecen las razones de por qué ha pasado lo que ha pasado (*ibid.*, pág. 49).

Pero ¿qué relación guarda todo esto con la educación? Bruner revaloriza la narrativa en dos planos: uno, el más concreto, es como recurso pedagógico; otro, general, el de la formación del espíritu o la mente humana. En cuanto al primero, cabe ante todo reconocer que es «el pariente pobre» entre los estilos profesorales. Resulta curioso constatar con qué abundancia se recurre a él en los años preescolares y cómo, con el paso a la primera enseñanza (seria), cae en desuso o sólo es un recurso expositivo en momentos en que la atención decae. La devaluación de lo narrativo tiene mucho que ver con la transformación de la mente humana que llevó a cabo el pensamiento griego. Los grandes filósofos, progresivamente reticentes a contemplar el mundo como un escenario regido por los dioses, aliados o enfrentados entre sí, empiezan a considerarlo como «eso que está ahí delante». Se alumbra en la mente humana lo que hoy conocemos como *objetivación*. Supone la separación radical entre sujeto (observador) y fenómenos en sí. Los *mitos* y los poetas que los recrean dejan de ser la guía para entender el mundo. La ciencia —tal como hoy la conocemos— excluye a la narrativa. No obstante, sería bien posible integrar la narrativa incluso en la exposición científica si, en lugar de presentar los temas en *contexto de justificación*, se hiciera en *contexto de descubrimiento,* según la conocida distinción de Kuhn. Al menos como ensayos pedagógicos. Resulta mucho más atractivo, e incluso más asequible a la mente, plantear cuáles fueron los problemas que afrontaban los científicos y qué artificios inventaron para esclarecerlos que no presentarlos como datos brutos que existen «porque sí». ¿Qué problemas afrontaba Newton que le urgieron a inventar el cálculo infinitesimal? ¿Cómo Darwin resolvió la incógnita de diversificación de las tortugas de las Islas Galápagos? ¿Y el descubrimiento de la estructura del átomo, de la penicilina, de la «doble hélice», etc.? Volver a pasar por los senderos mentales que han llevado a los personajes científicos a sus grandes (o no tan grandes) descubrimientos tiene un incalculable valor de formación de la mente.

Por lo que respecta al valor de la narración en la formación del espíritu, Bruner sostiene, ya desde el capítulo 1 de *La educación, puerta de la cultura* (postulado 9), que, puesto que la función psicológica de las narraciones es conferir sentido a «lo que sucede», los educandos al escucharlas y comprenderlas captan, sin ser conscientes de ello, las sutilezas de la vida en sociedad y aprenden a ubicarse allí dentro. Además, en la medida en que toda narración versa sobre algo que se trastoca y sobre cómo las cosas vuelven «a su sitio», hay en ella implícita una postura moral. (En las fábulas es explícita y se llama «moraleja»...) La cultura clásica (griega) y sus mitos son, en esta línea, prototípicos (Prometeo, Sísifo, Narciso...), no digamos Shakespeare. Merlin Donald, en su excelente libro *Origins of Moderm Mind* (1991), sostiene la sugerente idea de que el lenguaje apareció para explicar el mundo, no a la manera que hoy lo hace la ciencia (modelos formales), sino para dar sentido a la vida cotidiana y respuesta a los grandes interrogantes que surgen con los albores de la razón. Por ello las primeras construcciones del lenguaje fueron la narración, los mitos.

Bruner piensa que el estudio del pasado y del presente y la anticipación de «mundos posibles» (¿utopías?) está profundamente vinculado a la narrativa. Son las tres P de que habla en su capítulo 4, que en los estudios escolares se corresponden con la historia, el análisis de la sociedad y los estudios literarios. «Mi mensaje —escribe— es que los estudiantes deben ser tan "fuertes" en esos temas tan "endebles" como lo sean en álgebra o en física. Está en ello nuestra supervivencia.» El discurso que emite Bruner se sitúa aquí en franca referencia a la dicotomía de mentes científicas frente a humanistas[4] y, como era de esperar, gasta sus mejores cartuchos en favor de la educación humanista (sin, por ello, depreciar la científica). Bruner ironiza: «La historia, las humanidades y

---

4. Dentro de esta línea, Rorty, en el *Homenaje a Hans-Georg Gadamer* (2003), hace humorísticamente una alusión a la disputa de los *techies* contra los *fuzzies*. Son términos de la jerga californiana. Los primeros son «tecnólogos», los segundos son los «brumosos», «confusos». La contraposición rezuma altanería y desprecio: los *techies* son los que controlan y transforman el mundo, los *fuzzies* son los que lo contemplan...

la literatura no eran lo suficientemente rigurosas: "saldos" cuya temática no podía ser objeto de demostración. No explicaban nada, solo "enriquecían la mente". Y así, cuando los exigentes profesores de ciencia tildaban estos temas "de poca monta", Europa desfilaba una vez más hacia la guerra haciendo realidad las representaciones sociales-historicoliterarias que "sólo sirven para enriquecer la mente"» (pág. 89, ed. inglesa). La ironía se proyecta sobre un telón de fondo trágico.

Pero aún hay más. El discurso de Bruner se ubica en el núcleo del «giro hermenéutico» de Gadamer y su escuela. La *apropiación de la tradición* y su revivificación, a la que anteriormente he aludido; la *atribución de sentido* (*Actos de significado* es el título de su obra precedente); el *comprender* (*understanding*) a las personas y los textos a través de un diálogo respetuoso; la aproximación a la verdad como resultado de una *coherencia* que se consigue en la crítica; la depuración de los datos y su cotejo exhaustivo son los grandes temas de la hermenéutica gadameriana. Todos y cada uno aparecen expresamente en el libro. Y, consecuente con él mismo, inicia una crítica «dialogante» con las ciencias duras y su pretensión excluyente de detentar la verdad. Bruner suscribiría sin duda lo que proclamaba Gadamer: «Siempre que estemos en el reino de lo comunicable y comprensible estaremos tratando con la verdad». Así, discute ampliamente en el capítulo 5 que la comprensión-interpretación es una aproximación a la verdad legítima que discurre en paralelo, sin posibilidad de injerto, con la explicación llamada científica. En otras palabras, no todo el conocimiento accesible es fruto de operaciones logicodeductivas: gran parte es de naturaleza interpretativa.

Bruner sienta su posición en amistosa discusión con dos renombrados psicólogos (Astington y Olson, 1995) que han investigado cómo los niños adquieren en sus primeros años la idea de que las personas albergan estados mentales (deseos, intenciones, sentimientos, conocimiento, etc.) y que sus actuaciones responden a ellos. En la terminología psicológica se conoce como «poseer una Teoría de la Mente». Aceptar que ésta es realmente una *teoría* es suponer que los niños «buscan *predecir* y *explicar* la manera cómo actúan y piensan las personas [...]. En ese proceso infieren *la causa* subyacente de las actuaciones y las llaman "conocimiento" y "propósitos"». Los términos subrayados —predecir, explicar y causa— son conceptos clave de toda explicación cientificocausal.

Lo que están, pues, diciendo esos autores es que los niños proceden como «pequeños científicos» (una afirmación muy piagetiana), o sea, elaboran poco a poco un discurso racional y así llegan a una explicación (científica) del mundo mental de las personas, explicación que puede desembocar en predicciones. Además esta elaboración incluye una atribución de causalidad: los estados de conocimiento, los propósitos (y, por extensión, los deseos, las creencias, los temores, etc.) son la causa de que las personas actúen así o asá.

Para Bruner hay otra alternativa. Puede que los niños lleguen a hacerse una idea de los estados mentales de las personas en el mismo proceso de «entrar en la cultura». Más concretamente, a la vez que aprenden a hablar, a la vez que participan en la vida social y también escuchando las narraciones donde constantemente se está haciendo alusión a la actividad mental de los personajes: lo que conocen y lo que ignoran, sus intenciones y propósitos, sus sentimientos de toda índole, etc. En cierta manera, obligados los niños a «entrar en la escena» (social), aprenden a interpretar el papel que les corresponde y, para ello, han de interpretar «qué es lo que pasa allí»: le atribuyen significado. En resumen, las alternativas contrapuestas son: explicación de la conducta como *causada* por estados anímicos o comprensión de la conducta *interpretando* (poniéndose en la perspectiva del actor, analizando el contexto, sus razones, etc.).

La discusión puede parecer abstrusa, pero es que la noción de causa se emplea muchas veces de manera inadecuada. Tratándose de hacer ciencia, el modelo de causalidad es el que actúa en la naturaleza: los cuerpos caen a causa de la fuerza de atracción gravitatoria, las hojas de los árboles son de color verde a causa de la clorofila. Sin embargo, en temas sociales no podemos hablar a la ligera de causas. Por ejemplo, cuando un macho antropoide dominante es depuesto, el nuevo «jefe» puede que mate todas las crías que hay en el grupo... ¿Cuál es la causa aquí? Todo lo que podemos hacer es dar una interpretación. ¿Fue la invasión de Polonia por Hitler la causa de la Segunda Guerra Mundial? ¿Es la violencia televisiva causa de la violencia real? ¿Puede ser la negativa de un gobernante a someterse a una inspección de desarme internacional la causa de una guerra? No hay que confundir causa con detonante.

La discusión entre Bruner y sus colegas acaba finalmente en el terreno epistemológico. Los unos dicen: las acciones tienen sus causas, hay que determinarlas y así nos explicaremos aquéllas. Bruner replica: no hay tales causas explicativas, las acciones sólo pueden ser objeto de interpretación. Astington y Olson buscan conciliar la visión del niño científico con la del niño interpretante, cosa con la que Bruner, en principio, está de acuerdo. Pero también avanzan la idea de que la actividad interpretativa, a fuer de actividad cognitiva, sea susceptible de *explicación científica*. (De lo contrario, hay zonas de la cognición que escaparían a la explicación científica y esto es renunciar a que la psicología adquiera un estatus de ciencia...) Aquí Bruner ya no transige: explicación e interpretación no son reducibles la una a la otra, no hay posibilidad de fundirlas o integrarlas. Pueden intervenir las dos en cómo desarrolla el niño su teoría de la mente. Bruner deja, pues, bien sentado que la interpretación, atribuir significados, aparte de ser una actividad humana ineludible, tiene suficiente entidad como para codearse y erigirse en complemento respetable del método científico por antonomasia.

3. La intersubjetividad

Bruner aborda este tema en el capítulo final de su libro que encabeza como «El próximo capítulo de la psicología». Supongo que la idea subyacente es la de los «nuevos horizontes» que se abren o que hay que abrir a la psicología de hoy. El concepto de intersubjetividad ha sido introducido en la teoría psicológica del desarrollo infantil por Colwyn Trevarthen, de la Universidad de Edimburgo. Anteriormente lo utilizó, en el contexto de comunicación, J. Habermas, e implícitamente subyace a la pragmática y a la hermenéutica. La intersubjetividad es una capacidad innata humana que se traduce en la aptitud psicológica de «entender a los otros y de entenderse con los otros». Esta capacidad se estrena muy temprano, sigue un proceso de desarrollo en los primeros años de vida y es propulsada por el lenguaje. Trevarthen postula que los niños poseen una representación, todo lo tenue que se quiera, del *alter* en diálogo y que están capacitados para entrar (a su nivel) en ese diálogo. Los psicólogos que han registrado estos comportamientos los califican de «protoconversaciones» y «protodiálogos». La intersubjetividad emergente es pura «sintonía de la motivación para comunicar», una motivación inscrita en la naturaleza humana y crucial para nuestra evolución ya que ésta descansa sobre la cultura y la cultura se halla íntimamente entretejida con la comunicación. La intersubjetividad es una precondición del lenguaje. Este último es un sistema de signos que se «injertó» en la capacidad intersubjetiva básica de «entrar en comunicación». Ontogenéticamente, pues, intersubjetividad y lenguaje aparecen en momentos distintos. El segundo realiza más plenamente las potencialidades intersubjetivas: son aliados pero no han de confundirse (véase Perinat, 1989, 1993).

La intersubjetividad, en toda situación comunicativa entre personas, es siempre una mutualidad de disposición entre interlocutores hacia la comprensión de lo que cada uno expresa al otro. Si esa disposición falla en alguno de los comunicantes, *el lenguaje no comunica*, aunque cumpla todos los requisitos sintácticos de claridad y exactitud. Tanto los postulados de Grice como los de la Pragmática Universal de Habermas presuponen en los comunicantes confianza en la veracidad de sus enunciados y en la sinceridad de sus propósitos al comunicar. El vehículo de estos sentimientos persuasivos es el aparato paralingüístico que comporta toda acción comunicativa: tonos emocionales, ritmos expresivos, turnos y pausas, miradas, convencimiento y coherencia del discurso, compromiso con lo que se enuncia. Todos ellos se dan a la vez que los propósitos que se cruzan pero no son estrictamente lingüísticos. Pertenecen al ámbito de lo *no verbal*. El conjunto crea un cauce de comunicación al mensaje propiamente dicho.

Todo esto es directamente aplicable a la relación profesor-alumno. Bruner no ahonda demasiado en este terreno y vale la pena aprovechar esta incursión suya para ampliarlo. Si hay profesores cuya memoria perdura entre sus discípulos es porque su talante y su discurso han penetrado en ellos por la vía intersubjetiva. Han sido personas comprometidas con lo que enseñaban; su tono docente no era el de quien impone («¡Ésta es la verdad!») sino de quien busca persuadir, y la persuasión es contagio de motivaciones; frente a sus propias limitaciones, eran honestos en reconocerlas; si eran exigentes, primero lo habían sido consigo mismos; puesto que el diálogo sólo es fructífero en la igualdad, no han hecho un uso abusivo de su poder; han hecho trasparente su interés por ir más allá de la trasmisión escueta de información; quizá, sin plena consciencia de ello, han sabido ser educadores. Éstas son las *credenciales* de quien podemos llamar «maestro» en el sentido solemne de la palabra. En su discurso no las menciona, tampoco las exhibe en el pergamino de su título. Pero envuelven y penetran toda su actuación.

Pero para que el mensaje profesoral (en su doble faceta de conocimientos que adquirir y de disposiciones que canalizan la comunicación) tenga acogida en los alumnos, no basta la «piedra filosofal» de la intersubjetividad. Es preciso repensar a fondo muchos condicionamientos institucionales que la obstruyen. Lo inexorable de la programación de cada asignatura, ciertos procedimientos de control de conocimientos, algunos tratos que reciben los alumnos, la concepción «folklórica» de su mente ignorante, la insoportable prolongación de la estancia en la escuela durante años (¡un tercio de la vida!), la desconexión del mundo escolar con el mundo «real» (sea el de las profesiones, sea lo que preocupa a la sociedad). Todo ello sin hablar de la masificación de las aulas, la poca consistencia de los equipos profesorales, nociones discutibles sobre la disciplina, las exigencias de las familias, la contaminación competitiva, etc. Dicho en otras palabras, las relaciones entre personas (profesores y alumnos) no se recomponen cultivando *sólo* las capacidades psicológicas de comunicación (que es lo que muchos bien intencionados psicopedagogos ingenuamente pretenden). *Hay que rediseñar el marco de esa comunicación pedagógica y ese marco es el institucional.*

4. La toma de conciencia

Son muchos los temas suscitados por Bruner que merecen comentario, pero es forzoso poner un límite. El último que trataré aquí suele ser escasamente mencionado pero lo considero de la mayor importancia. La institución escolar, en todos sus niveles, ha de estimular y cultivar la *toma de conciencia* por parte de los educandos-aprendices. «Toma de conciencia» equivale a reflexión («mirarse en el espejo»), a escrutar los propios estados mentales. El «tomar conciencia» o «tener consciencia» se abre a dos frentes. Uno «existencial»: ¿qué hago?, ¿por qué actúo así?, ¿hacia dónde se orienta mi actividad?. El otro, concreción del anterior, hace referencia a la actividad cognoscitiva propiamente dicha: ¿cómo elaboro mi pensamiento y mis conocimientos? El primero se decanta hacia la noción de responsabilidad, de orientación del curso de la vida, de toma de decisiones. Tiene, como es fácil ver, prolongaciones éticas. Al segundo, en la jerga psicológica, se lo conoce como *metacognición*: pensar sobre lo que uno piensa, conocer cómo se llega a conocer, controlar los procesos de adquisición de conocimientos. Ambos, insisto, están en el meollo de la formación que la institución escolar confiere.

Comenzando por el segundo frente —la metacognición—, diremos que una de las primeras reflexiones que la escuela debe provocar es que los conocimientos son representaciones de eso que llamamos «realidad» y que los humanos no actuamos *directamente* sobre esa realidad sino *a través de* las representaciones que nos hacemos de ella. De ahí una conclusión que tiene poco de sorprendente: «El objeto de la metacognición es revelar que hay maneras alternativas de concebir cómo se construye la realidad. La metacognición convierte los argumentos ontológicos sobre la naturaleza de la realidad en argumentos epistemológicos acerca de cómo conocemos» (pág. 148). Pero además, enseñar/aprender no sólo es acumular conocimientos (los que fija cada asignatura y todo el *curriculum*) sino que hay que organizarlos. Lo cual exige un trabajo (asistido) de índole metacognitiva. Aspectos de éste serían: establecer conexiones entre las diferentes materias objeto de enseñanza y sustituir, consecuentemente, la representación folklórica del conocimiento como «montón» por la de los conocimientos distribuidos y conectados en «red» (véase capítulo 5). El «pensar sobre lo que uno piensa» se traduce (o ha de traducirse) asimismo en el control del propio discurso interno, el recurso constante al *feed-back* en su elaboración, en introducir incansablemente correcciones o matizaciones, en la búsqueda de coherencia, la constatación de avances. Coronando este proceso, hacer ver que cada asignatura, todo el *curriculum*, es ya una organización *impuesta*; pueden existir otras alternativas a cada asignatura y a toda la planificación curricular. Esta visión crítica se considera crucial hoy en día. He aquí una opinión de expertos: «El fin primordial de la educación superior sigue siendo alimentar en los estudiantes una asimilación crítica de sus respectivas disciplinas. Sin embargo, a lo largo y ancho de toda Europa los gobernantes parecen mucho más proclives a favorecer el incremento de habilidades básicas (*core skills*) —cuantificación, comunicación, tecnologías de la información, efectividad interpersonal—» (Coffield y Williamson, 1997). Bruner, en una perspectiva paralela, asegura: «Lo que los niños piensan acerca de lo que aprenden, de lo que memorizan y de lo que piensan y cómo piensan acerca de sus propias actividades cognitivas incide en sus procesos mentales personales» (pág. 58).

Por último, la toma de conciencia en su dimensión de adoptar una visión crítica, distanciada, del barullo de información al que la vida moderna nos expone es crucial para la buena salud del espíritu. Estamos expuestos a un sinfín de banalidades propagandísticas por parte de los políticos, de predicadores de creencias religiosas y patrióticas, de vendedores de productos de consumo y de profesionales de la información (tendenciosa) que pululan por los medios de comunicación. E impregnándolo todo, un lenguaje en que el sentido de las palabras es constantemente violentado, desfigurado, reacomodado para servir a los intereses de aquellos que, gracias a su poder político o económico, se hacen estentóreamente oir sin apenas oportunidad de réplica. Frente a todo esto, no hay otra defensa que armarse de juicios de valor personales.

5. Coda. Cultura y educación

«Una aproximación de índole cultural a la educación parte de la premisa de que aquélla (la educación) no es una isla sino parte del continente de la cultura. Se pregunta, en primer lugar, qué función cumple la "educación" en la cultura y qué papel desempeña en la vida de los que se hallan inmersos en ella. A esta primera cuestión sigue otra: cómo la situación de la educación en la cultura refleja la distribución del poder, estatus y otros beneficios. [...] La perspectiva cultural de la educación está concernida por los condicionantes impuestos sobre el proceso educativo, unos externos, como la organización escolar y del aula de enseñanza y el reclutamiento de los maestros; otros internos, como la distribución, natural o impuesta, a que son sometidas las personas, cada una con sus capacidades, ya que el desarrollo de éstas, mucho más que por su sustrato genético, está afectado por el acceso a los sistemas simbólicos» (Bruner, *op. cit.* pág. 11, ed. inglesa).

Este párrafo de Bruner resume excelentemente lo que he ido tratando a lo largo de este capítulo. Lo glosaré así: no basta que nos centremos en la vida dentro del aula escolar o del centro (programas, estilos de docencia, interacción profesores-alumnos, rendimiento, disciplina, etc.); no basta con una pedagogía y una psicología. Hay que adoptar una perspectiva más sistémica («la escuela no es una isla») y percatarse de que los condicionantes institucionales de la relación docente-discente pueden ser de tal magnitud (y lo son a menudo) que den al traste con toda la acción educativa. Las instituciones son elementos culturales básicos. No se pueden eliminar. Tienen que renovarse y eso es una tarea sociocultural ineludible. Las instituciones culturales no son (no deben ser) entes cristalizados ni fosilizados: son procesos como lo es la vida. ¿Por dónde comenzar esta empresa hercúlea? Creando escuelas (equipos profesorales) que pongan en práctica en sus centros, si no todos, al menos algunos de los aspectos que Bruner ha ido destacando en su discurso. Es entonces cuando estos centros serán los avanzados de esa otra cultura escolar que tiene que nacer y que, hoy por hoy, es lamentablemente una utópica *contracultura*.

Bibliografía

AA. VV., *Homenaje a Hans-Georg Gadamer. El ser que puede ser comprendido es lenguaje.* Madrid, Síntesis, 2003.

Astington, J. y Olson, D. R., «The cognitive revolution in children's understanding of mind», *Hum. Develop.*, n° 38, 1995, págs. 179-189.

Bruner, J., *Realidad mental y mundos posibles*, Barcelona, Gedisa, 1986.

Bruner, J., *Actos de significado*, Madrid, Alianza, 1998.

Bruner, J., *The culture of Education*, Harvard University Press, 1996, (trad cast. *La educación, puerta de la cultura*, Madrid, Visor, 1997.

Coffield, F. y Williamson, B., «The challenges facing higher education», en F. Coffield y B. Williamson (comps.), *Repositioning Higher Education*, Open University Press, 1997.

Donald, M., *Origins of Modern Mind*, Harvard University Press, 1991.

Douglas, M., *How institutions think*, Syracuse University Press, 1986.

Perinat, A., «Los fundamentos psicobiológicos de la intersubjetividad», *Arbor*, CXXXIV, octubre de 1989, págs. 51-68.

Perinat, A., *Comunicación animal, comunicación humana*, Madrid, Siglo XXI, 1993.

White, R. W., «Motivation reconsidered: the concept of competence», *Psychol. Rev.*, nº 66, 1959, págs. 297-333.

5

CONOCIMIENTO PROCESO Y CONOCIMIENTO PRODUCTO. ¿ES POSIBLE SEPARAR UNO DE OTRO?

Las metáforas impregnan nuestra vida cotidiana (Lakoff y Johnson, 1980). Son ellas las que justifican, muchas veces, prejuicios, vulgares e inveterados, en torno al proceso de conocer o mediante el cual se llega al conocimiento. La *folk-pedagogy*, que impregna muchas mentes docentes, se inspira en muchos de estos pre-juicios y, por vía de consecuencia, el proceso de trasmisión del conocimiento se ve afectado. Uno de estos lugares comunes es concebir el conocimiento como una acumulación de «materia cognoscible». La expresión popular «montón de conocimientos» lo refleja muy bien. Es inadecuado representarse el conocimiento como una especie de entidad material. «Conocimiento» es un nombre sustantivo, elemento gramatical que se aplica a las cosas, personas y animales. Quizá fuera más apropiado descartar el sustantivo «conocimiento» y utilizar el verbo conocer. Las razones irán siendo ampliamente comentadas en este capítulo pero anticipo ya desde ahora una. *Conocer* (verbo) denota actividad, es decir, engloba, junto a los procesos que desembocan en conocer, el hecho de conocer. No sienta a priori la distinción entre aquéllos y éste. Además, la mente humana está intrínsecamente motivada por conocer: es su actividad más genuina, a la que ni pone ni encuentra fin.

Si aceptamos esta primera premisa, queda desautorizada (fuera de uso) la representación de conocer/conocimiento como algo tangible o cuantificable y que se acumula por aposición. No quiero decir que no se aprecien grados de conocimiento, por ejemplo, los que expresa el lenguaje vulgar con la distinción entre sabios e ignorantes, sino que cuando empleamos expresiones como «un cúmulo de conocimientos» (o la más vulgar «un montón»), «amplitud de conocimientos», «conocimiento vasto», «profundo» («un pozo de ciencia»), etc., estamos tratando el conocimiento, metafóricamente, como un ente material sometido a leyes físicas que hablan de «extender», «amontonar» o «excavar». Como secuela de esta versión, nos representamos el proceso de conocer como una sucesión de subprocesos: los que constituyen la acción instrumental descrita por esos verbos. Nada de ello hay en la adquisición de los conocimientos. Por dos razones. La primera porque las metáforas «amontonar» y «excavar» sugieren que el conocimiento crece «hacia arriba» (montón) o es resultado de una excavación «hacia abajo». En ambos casos se trataría de un proceso lineal reiterativo. La metáfora de la extensión es más adecuada por cuanto sugiere que el conocimiento se expande. Comentaremos en lo que sigue que esta expansión se hace en forma de red por interconexión de —llamémoslos así— nodos de conocimiento. La segunda razón por la que el conocimiento no puede contemplarse como reiteración de una misma acción instrumental es que, a medida que ganamos en conocimiento, mejoramos nuestro proceso de adquirir conocimiento; no porque algunos procesos los convirtamos en rutinas sino básicamente porque los transformamos con el concurso de otros conocimientos. Un ejemplo, en los primeros pasos de la humanidad, tuvo que ser el convertir los instrumentos de piedra tallada en otros de piedra pulimentada.

Otro prejuicio que afecta a nuestra concepción del conocimiento es la separación neta que se suele establecer entre el proceso de conocer y su producto, el conocimiento. Éste es el tema que voy a abordar aquí. Proviene seguramente también de la misma metáfora de la «acción instrumental»: la pala o el pico se diferencian netamente, como instrumentos, de aquello que amontonan o excavan. Otro tanto ocurre con los productos de la habilidad manual-instrumental: cerámica, carpintería, etc., o la fabricación industrial. Por ejemplo, en la cadena de montaje o el molino la maquinaria es una cosa, el producto es otra. En este tipo de procesos en ningún momento el producto manufacturado influye o reacciona sobre el instrumento a efectos de inducir una transformación que mejore su actividad productora.

De este segundo prejuicio se deriva otro. En la trasmisión escolar del saber se habla de conocimientos instrumentales: lectura, escritura y cálculo principalmente. Se sobreentiende que son instrumentos para la adquisición de más conocimiento o conocimiento más avanzado. En la terminología vygotskiana son signos «simples» (las letras, los números y sus primeras combinaciones) que garantizan el acceso a otros más complejos: los conceptos. Por el contrario, la trasmisión del conocimiento general que almacena toda cultura, y particularmente el conocimiento social, no necesita de «instrumentos». Es un conocimiento que «está ahí» y que se instala en la mente, a la vez que la modela, como el trasmitido explícitamente mediante signos de carácter instrumental y operativo. Lo que pretendo hacer notar es que los aprendizajes instrumentales mencionados no se suelen concebir como formas de conocimiento «en sí»: son formas de conocimiento «para». Una mínima reflexión lleva a rectificar este punto de vista: es evidente que saber leer no es sólo descifrar combinaciones de letras, saber multiplicar no es sólo recitar la tabla, resolver una ecuación no es sólo la rutina de despejar la incógnita. Un proceso de comprensión está intrínsecamente incorporado al acto de leer y escribir como debiera estarlo al de operar. Es ya un lugar común en la psicología que la *literacy* (saber leer) transforma cognitivamente las mentes. Ya hemos perdido la memoria y nos cuesta mucho imaginar cuánto conocimiento «puro» hubieron de poner los primeros escribas de las antiguas civilizaciones, la sumeria, la egipcia o la china, para poner a punto sus sistemas de signos específicos. Tampoco caemos en la cuenta del curioso proceso recursivo que históricamente se ha realizado en torno a los signos lingüísticos, de escritura o numéricos: primero se invierte conocimiento en inventarlos, luego viene su instrumentalización y consiguiente rutinización y, finalmente, la reflexión se vuelve sobre lo que es, desde el ángulo cognitivo, producir/comprender esos signos.

Todo esto nos invita a discutir la pertinencia de la distinción proceso-producto cuando se trata del conocimiento y su adquisición. Voy a plantearla en torno a los conocimientos de tipo escolar en cualquiera de sus niveles. Se trata de un corpus que por su peculiar organización se presta particularmente a ello. No preveo grandes dificultades para extender luego las reflexiones que aquí se suscitan a otro tipo de conocimientos.

1. El modelo formal de la trasmisión/adquisición del conocimiento

En el mundo escolar, y en el mundo social en general, el conocimiento es objeto de una trasmisión que, de acuerdo con Vygotsky, podemos sintetizar en el siguiente esquema formal:

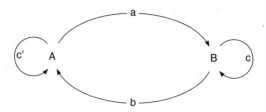

A es el emisor de información (produce signos, en toda generalidad: línea a). B recibe esa información, perceptivamente primero, y enseguida pasa a elaborarla en su propia mente (círculo c). Más temprano o más tarde, B reenvía un signo (línea b) a A, quien, luego de pasarlo por su mente (círculo c') da por bueno b o lo rechaza. En cualquiera de los dos casos emite el signo correspondiente, a', ya sea de aprobación ya de desaprobación. El proceso se reitera indefinidamente en una cascada de confirmaciones o disconfirmaciones con las correcciones que éstas acarrean. Éste es un modelo general que sirve tanto para las mamás que juegan con sus pequeños como para los profesores que explican y piden cuenta a sus alumnos de los temas escolares, así como para los diálogos entre adultos.

La simplicidad del modelo no debe engañarnos con respecto a la complejidad de la actividad mental que hay en él involucrada. En primer lugar, lo que hemos denominado «elaboración» interna (interiorización en Vygotsky) por parte de B (el discente) es un proceso bastante misterioso. ¿En virtud de qué un bebé llega a entender que cuando el adulto extiende el dedo índice hacia un objeto quiere significar que «destaca» ese objeto entre todo lo que hay a la vista? Al principio no entiende nada; poco a poco va dando visos de entender y finalmente participa del entendimiento del adulto, o sea, comprende que «A está señalando». El adulto confirma, festivamente, ese entendimiento del pequeño. Obsérvese que compartir el significado de un gesto es un acto intersubjetivo: el adulto entiende que el niño entiende el movimiento de su mano de la misma manera que él lo entiende. Y recíprocamente. La intersubjetividad entre el adulto y el niño es lo que permite a este último comprender, es decir, dar la cualidad de *signo* a lo que en un principio percibía como un mero movimiento de la mano. De todas maneras, invocar la intersubjetividad no es más que un comienzo de explicación de algo que todavía se nos escapa.

Lo mismo ocurre, guardadas las debidas proporciones, con las enseñanzas escolares. El maestro produce signos, emite discursos que —se supone— han de ser elaborados mentalmente por los alumnos. En la «devolución» que hacen éstos al profesor de sus explicaciones (recitaciones, exámenes, respuestas a preguntas concretas, etc.) se dan muchos grados de comprensión (y de subsiguiente aprobación o desaprobación), de tal manera que, a diferencia de los papás y mamás con sus pequeños, el profesor pocas veces sabe a ciencia cierta el grado de asimilación de los conocimientos de un alumno. Lo que ha de quedar muy claro es que la confirmación del adulto (el que sabe) es la garantía de que el proceso de conocer ha tenido éxito. Esto es lo que justifica la afirmación incontrovertible de que el conocimiento es, por naturaleza, social.

Desde el punto de vista sistémico, el adulto y el niño constituyen dos sistemas acoplados. A envía «perturbaciones» a B (en forma de signos, discurso, textos, etc.) y el estado mental de B sufre un cambio. Este cambio depende de su estado mental de base y de la calidad de la «perturbación». De ambas cosas a la vez. La cuestión del estado mental de base, simplificando mucho, tiene que ver con la zona de desarrollo próximo de Vygotsky;[1] también podríamos incluir aquí la disposición psicológica del sujeto hacia aquella actividad cognoscente. La calidad de la «perturbación» es su grado de elaboración en la mente adulta y la bondad de organización en un discurso o texto. El interés de la visión sistémica del proceso de trasmisión/adquisición de los conocimientos es que, prime-

---

1. La zona de desarrollo próximo (Vygotsky) es la extensión o «parcela» de conocimiento o de habilidades al alcance del aprendiz pero que éste sólo llega a dominar con la cooperación de un experto. Es válida aquí la analogía del «andamiaje». La zona de desarrollo próximo es una intuición del maestro acerca de lo que, en cada momento, el discípulo es capaz de asimilar para avanzar en conocimientos.

ro, contempla la posibilidad de que la mente de cada una de las partes en transacción progrese en el conocimiento. El sentir común es que este progreso se da únicamente del lado del alumno, pero la experiencia dice que la mejor manera de entender un tema es verse obligado a explicarlo. Además, cualquier tema posee un horizonte inagotable que puede explorarse aunque el nivel al que uno lo trasmite sea el más trivial. Segundo, la reiteración de las «flechas» *a* y *b* (vaivén de información) y los círculos *c* y *c'* (elaboraciones y reelaboraciones sucesivas) permite atribuir el carácter de *emergente* al conocimiento que se produce en el ciclo antedicho. Si la transacción es la de dos mentes al mismo nivel se puede decir entonces que hay plenamente emergencia de conocimiento nuevo a través de su diálogo, científico o social. Si las dos mentes se hallan a diferente nivel cognoscitivo —el caso de maestro y alumno— el conocimiento emerge (brota, se configura) en la mente del alumno y puede que mejore en la del maestro. La emergencia, en cualquier caso, puede ser repentina o lenta. La historia de la ciencia está repleta de ejemplos de ambos fenómenos así como la historia de cada uno da fe de algunos momentos inspirados y otros de costosa elaboración de los conocimientos.

Hay, por último, que dejar constancia de que en los procesos de trasmisión/adquisición de conocimientos, típicos de la escolarización, la trasmisión de por sí no es *causa eficiente* de la adquisición. Esta última depende definitivamente de la actividad mental de elaboración que pone en marcha el sujeto a quien se trasmite. Son los alumnos quienes construyen sus propios conocimientos. Esto, obviamente, no libera al trasmisor del trabajo de elaborar cuanto mejor pueda aquello que trasmite pero, una vez se cumple esta premisa, el proceso de adquisición, propiamente dicho, se juega del otro lado. Vengo hablando reiteradamente de *elaboración* (de ambos lados: del que trasmite y del recipiendario), así como he mencionado la *confirmación* necesaria que sanciona el conocimiento supuestamente adquirido (la cual exige comunicar, intersubjetivamente, con la mente del que lo adquiere). Con ello quiero apuntalar un par de principios que, aunque sobreentendidos en todo lo que precede, conviene explicitar. El primero es que nunca el conocimiento adopta en la mente del que lo adquiere una configuración idéntica a la que existe en la mente del que lo trasmite. No le es posible al alumno «fotocopiar» en su mente un texto, oral o escrito, emitido por el profesor, no es posible reproducir exactamente unos saberes. Cada texto que se asimila comienza por hacerse sitio entre los conocimientos que ya están en la mente, encuentra sus conexiones, recibe sus influencias y adquiere una configuración propia, más o menos parecida al original. El vulgarmente denominado contexto está, sobre todo, en la mente.

La segunda idea es que la comprensión, según Bakhtin, es una forma de actividad mental intensa. Además, se realiza en un ambiente de diálogo entre el autor del texto y el que quiere asimilarlo. «La comprensión —escribe Bakhtin— es activa, representa el embrión de una respuesta. Sólo la comprensión activa puede aprehender el tema. Toda comprensión es dialógica. La compresión se opone al enunciado como una réplica se opone a otra en el seno de un diálogo» (Todorov, 1981).

2. Conocimiento proceso *versus* conocimiento producto

Vayamos ya al tema central en discusión: ¿hasta qué punto es adecuada la distinción que suele establecerse entre el proceso de conocer y su resultado, el conocimiento? ¿No se puede sostener que ambos se confunden, son inseparables? No es una mera cuestión de vocabulario que podría remediarse, como he dicho arriba, condenando al ostracismo al sustantivo «conocimiento» y empleando sistemáticamente el verbo «conocer». Los usos lingüísticos no son caprichos: responden a una manera de ver las cosas. La analogía que asimila el conocimiento a algo material, vagamente cuantificable, es todo lo vulgar que se quiera pero está firmemente anclada en el imaginario cultural. Y la separación de los procesos de conocimiento (comprensión, inteligencia, entendimiento, etc.) de los llamados «contenidos» es un lugar común en la psicología. Las operaciones de Piaget o el procesamiento de la información vienen a decir, cada cual a su manera, que una cosa es la «maquinaria intelectiva» y otra los resultados que se obtienen al ponerla a punto (desarrollo) o activarla. Otra creencia, casi dogmática, en psicología es la de la universalidad de esta maquinaria, es decir, todos los hombres vienen innatamente dotados de las mismas capacidades mentales para el razonamiento que son las de la lógica, formalizada por los griegos, y que los occidentales hemos cultivado con gran éxito. En suma, un «aparato» productor de conocimientos al que Shweder (1990) ha dado el nombre de «procesador universal».

No voy a discutir a fondo la existencia de este último ya que esta noción descansa, por una parte, en creencias arraigadas en la *folk psychology* y también en ideas filosóficas y biológicas acerca de la unidad de la especie humana, unidad que incluso implicaría que todos tenemos una mente (¿un cerebro?) preprogramada para alcanzar «la verdad» acerca del mundo mediante el razonamiento formal. Por otra parte, los antropólogos y la misma psicología de corte constructivista nos advierte que eso que la tradición filosófica denomina «verdad» no es otra cosa que *una descripción* —más o menos sesgada culturalmente— de los fenómenos que nos afectan. Las leyes de la lógica y del razonamiento no son un mero producto cultural en la medida que son accesibles a cualquier mente, pero al mismo tiempo hay que aceptar que la mente humana llega a «verdades» acerca del mundo a través de otros cánones de discurso. Por ejemplo, el ying-yang chino es otra manera de discurso mental. Lo que pretendo aquí es brindar algunos argumentos en pro de la tesis siguiente: *las formas de discurso mental, la comprensión de los fenómenos y, en último término, la visión del mundo que por estos «procesos» conseguimos no son únicamente fruto de «operaciones mentales» innatas o construidas a lo Piaget sino que intervienen «módulos» culturales que, subsiguientemente, entran a formar parte de la actividad cognoscente.* Otra manera de expresar lo mismo es decir que la actividad cognoscente se construye a lo largo de su misma historia: es una epigénesis. Seguramente, por debajo de los que he denominado «módulos culturales», existen otros «módulos estructurales» intrínsecos al funcionamiento del cerebro, con lo que la construción de conocimiento tiene, a la vez, componentes universales y componentes culturalmente distintivos. Es otra tesis constructivista, pero esta vez no se trata de un constructivismo puramente intrínseco sino «contaminado» de lo cultural.

Este punto de vista no es revolucionario: está implícito en las teorías no *naïves* del aprendizaje, en particular la concepción piagetiana de éste, en los neopiagetianos y en teorías del procesamiento de la información, porque el gran problema del desarrollo de la inteligencia, después del descrédito del estructuralismo (Piaget), es cómo conciliar las características del razonamiento atribuibles al «núcleo estable» del intelecto (suponiendo que existe) con los aspectos contingentes de la trasmisión cultural, en nuestro caso la escolar. Una postura extrema es: existe un «procesador universal» y lo que viene de fuera es material que procesar y «ruido». Otra, la contraria, es aceptar que la inteligencia se construye sólo a partir de lo contingente cultural. La intermedia, que parece la más razonable, es postular la existencia de un núcleo de base del intelecto susceptible de tomar direcciones de desarrollo diferentes al incorporar «módulos» (regularidades) particulares de cada cultura. Es plausible, en este punto, establecer una analogía con el desarrollo del lenguaje. No es sostenible hoy que los niños nazcan dotados de las estructuras gramaticales, ni siquiera de una gramática universal. Las estructuras lingüísticas las van construyendo induciendo regularidades del habla que escuchan, probándolas, generalizándolas a tientas y fijándolas más tarde.[2] De la misma manera, el desarrollo de la inteligencia resulta de un pacto entre la actividad intelectiva, inherente a la mente humana, y ciertas «formas de pensar» puestas en uso por cada cultura. Conocer es una actividad que admite variantes, los modelos para representar el mundo son múltiples.

Voy a dedicar el resto de este capítulo a mostrar que existen módulos o patrones identificables en la trasmisión de los conocimientos escolares que se asimilan sin que sea posible establecer distinción en si son procesos o son contenidos. Son modos de aprehender el mundo. Al aplicarlos, el «cómo» y el «qué se aprehende» aparecen fusionados a un mismo nivel. El resultado es que los aprendices, de manera sutil e insospechada, están aprendiendo a aprender. Es, esta última, otra manera de recordar el leitmotiv que ha impulsado este escrito: el conocimiento proceso y el conocimiento producto están imbricados. El conocimiento es el proceso continuo de producción de conocimiento.

2. Ésta es la versión *light* de la adquisición del lenguaje. Las cosas son mucho más complejas. Los niños no sólo inducen regularidades sino que construyen reglas susceptibles de ajustarse progresivamente a lo que es la la estructura gramatical de su lengua materna. El proceso y el producto están imbricados. Sigue siendo un misterio cómo consiguen hablar relativamente bien en un tiempo tan breve.

3. Lenguaje y conocimiento

El conocimiento, en su vertiente de trasmisión (escolar), se instaura como tal a través del lenguaje. Pero, a la vez que el alumno adquiere conocimientos (aprende), también aprende el lenguaje mediante el cual aprende y mediante el cual elabora para sí esos conocimientos (habla interna). El profesor exije competencia lingüística a sus alumnos cuando éstos dan cuenta de sus conocimientos. ¿Hasta dónde es distinguible aquí «lo que saben» de cómo expresan aquello que saben (o que dicen saber...)? El conocimiento toma su forma en el lenguaje: en la selección de las palabras, en su ordenación en la cláusula, en su concatenación en proposiciones. El conocimiento del lenguaje se traduce en el lenguaje que modela el conocimiento. «Lo normal entre los que intercambian información —dice Lotman (1979)— es que no usen un código común sino dos diferentes que hasta cierto punto se interseccionan. Así el acto comunicativo no es una trasmisión pasiva de información sino una traducción, una recodificación del mensaje» (citado por Lozano, 1979.) Si aplicamos esto a la docencia, resulta que, en primer lugar, esta traducción es principalmente obra del estudiante. Y para ello aprende el código (específico de una disciplina y el elaborado del sistema escolar) a la vez que asimila el conocimiento que se le trasmite.

El lenguaje es el gran «filtro» a través del cual nos representamos el mundo y sus fenómenos. Dicho con más rotundidad: o un fenómeno es captado por el lenguaje o ese fenómeno se queda en una percepción brumosa: no llega a ser comprendido por la mente ni puede ser discutido y consensuado por la sociedad. El lenguaje, pues, construye el conocimiento; pero también sucede lo inverso: el conocimiento construye el lenguaje, le obliga a expandirse y rehacerse constantemente. Un ejemplo trivial son los neologismos y extranjerismos mediante los cuales expresamos nuevas ideas. Pero, otro ejemplo, más clásico y menos comentado, es el de los tropos «forzados», es decir, el hecho de expresar una idea nueva mediante una palabra que representaba originariamente otra cosa (Ricoeur, 1975). Por ejemplo, los verbos que designan la actividad mental (conocimiento) estan extraídos metafóricamente de la acción manual prensora: aprehender y su forma simplificada habitual, aprender, comprender; inteligencia quiere decir «leer dentro» (*intus legere*); especulación y reflexión aluden a espejos que reflejan; lenguaje y lengua (abstracciones) vienen de lengua (órgano), etc. Estos tropos forzados, que están en el mismo origen del lenguaje, son una muestra de cómo éste se ha ido construyendo a impulsos de la actividad cognoscitiva. Curiosamente, muchos de ellos son reminiscencias de la acción humana, algo que no hubiera sorprendido a Piaget pero que él no consigna.

He dicho hace un momento, quizá precipitadamente, que el lenguaje es el gran medio de aprehender el mundo. Se me argüirá, y con razón, que en la época audiovisual también la imagen lleva al conocimiento del mundo. Aquí hay dos temas que considerar. El primero es si existe un «lenguaje visual», o sea, si la manera de construir imágenes en secuencia (lo que algunos llaman su «sintaxis») también comporta módulos o regularidades que son proceso de conocimiento a la vez que son conocimiento. Creo que sí, aunque no soy competente en las cuestiones que atañen a la imagen visual y renuncio a entrar en este aspecto. El segundo tema es que el espectador asimila «aquello que se ve» mediante el lenguaje interno. Esto suscita otra cuestión sumamente interesante: la de la relación entre la percepción, la comprensión y el lenguaje en la que tampoco quiero entrar.

Vayamos ahora al tema concreto del lenguaje escolar. Recurre a modalidades diversas. Es, en primer lugar un lenguaje *descriptivo-conceptual*. El que habla se distancia del objeto de conocimiento y lo describe impersonalmente: «las cosas son así», viene a decir. El lenguaje descriptivo supone la separación del sujeto y del objeto (la objetivación) y la construcción lingüística de modelos del mundo que pueden formalizarse matemáticamente. Un segundo tipo de discurso es el *argumentativo*. El objeto de éste es el propio lenguaje, la redefinición de las palabras, la concatenación de las cláusulas. Se hace progresar el discurso a través de una cascada de argumentos hacia conclusiones que se imponen a la mente. El presente escrito es un ejemplo pero también lo es el ejercicio de conciliar teorías o puntos de vista divergentes, por ejemplo, a Piaget con Vygotsky o con Freud. Un tercer tipo de discurso profesoral tiene carácter *narrativo*. Se aplica al dominio de la historia. En las exposiciones de los maestros y profesores, estos tres tipos de discurso se mezclan más o menos profusamente. Los alumnos los aprenden (sin tener conciencia clara de que son «tipos de exposición») y los emplean en el momento adecuado.

Me parece interesante apuntar que estos tipos de discurso trasmiten implícitamente actitudes mentales hacia el saber y que éstas van vehiculadas en el mismo lenguaje que los constituye en discursos de uno u otro tipo. La primera actitud es que el conocimiento puede ser objeto de trasmisión a través de uno u otro de estos tipos pero no a través del lenguaje imaginativo o poético (que ha quedado excluido de la enumeración anterior). El lenguaje poético y la metáfora son objeto de menosprecio por el lenguaje racional y descriptivo que se erige como el más apto para la trasmisión del conocimiento (Perinat, 2001). Una segunda actitud es la persuasiva. Aquello que es objeto de discurso profesoral se impone con garantía de certeza. Puede que haya una certeza que reside en la coherencia del discurso en sí o en su adecuación al fenómeno de que trata, pero me refiero a la certeza como «recepción indiscutida» del discurso o, lo que es lo mismo, la práctica imposibilidad de refutar tesis o aspectos de éste. La presentación rotunda de resultados científicos no da pie a remontarnos a las exploraciones que los han precedido, las dudas, los errores y rectificaciones por los que han pasado hasta llegar a su estado actual. Además deja entender éste como definitivo. La consecuencia es que en lugar de fomentar en las mentes el espíritu de descubrimiento y la admiración por los logros, se cultiva aceptarlos sin un ápice de crítica y, de hecho, con indiferencia. Ya he aludido a los irónicos comentarios de Bruner acerca del lenguaje cauteloso con que los expertos se comunican frente al lenguaje asertivo que usan con los «profanos». El lenguaje de la educación —prosigue— no sólo debe dar información. Debe trasmitir, de hecho trasmite, una actitud hacia los fenómenos: «No abortar el proceso que lleva a que uno se maraville introduciendo insípidas declaraciones sobre la realidad. Dejar abierto el tema a la especulación y la negociación». La persuasión es el objetivo de la retórica y ésta está muy ligada a la ideología. La ideología, y su acólito, la retórica, proclaman: «Esto es lo que has de creer».

Quiero hacer hincapié en otro otro aspecto intrínseco al lenguaje que influye fuertemente en la formación de la mente y concepción del conocimiento. Me refiero a su linealidad: las palabras se profieren una detrás de otra, las oraciones se encadenan para formar el discurso que podría representarse en una ristra de palabras horizontalmente dispuestas. De hecho es así en el discurso hablado; si es escrito, como no hay soporte de papel suficiente, adopta una disposición en dos dimensiones. La linealidad de la proposición o del discurso es un constreñimiento impuesto por el lenguaje al pensamiento. Aspectos segmentarios de esta linealidad son el de «antecedente ‡ consecuente» y el de «premisas ‡ conclusión». *El lenguaje, al imponer al pensamiento su linealidad, ha privilegiado la creación de modelos explicativos también lineales en perjuicio de los circulares.* Son modelos lineales:

Proceso → producto
Input → transformación/elaboración → *output*
Causa → efecto
Emisor → mensaje → receptor
Estímulo → respuesta
Etc.

Todos estos modelos son sólo restrictivamente lineales. Todos ellos son potencialmente circulares; lo habitual, y no lo excepcional, es que sean circulares. Esto significa que el último elemento de la cadena actúa retroactivamente sobre el primero y la cadena deviene ciclo. Los tres primeros ejemplos pueden entrar dentro del esquema de la página 112. El siguiente —el los «telefonistas» de la Bell que se toma como paradigma de la información o comunicación— pasa por alto algo tan obvio como que la emisión de un mensaje siempre tiene en cuenta al receptor y su respuesta potencial. Cuando ésta es inmediata, el ciclo deja de ser virtual y aparece la interlocución, o sea, un bucle. Los fenómenos de desarrollo en todos sus niveles, el aprendizaje, la conversación, etc., son bucles. *Et sic de ceteris.* Lo que resulta irónico es que el lenguaje, la oración gramatical, se construye también en bucle: cada palabra tiene en cuenta las que ya se han proferido y condiciona a las que se van a proferir. La frase se cierra sobre sí misma: la cláusula.

El lenguaje es también decisivo en la conceptualización. Sirve para denominar y para definir. Una definición selecciona los términos, los ordena y los sitúa en una red de relaciones connotadoras que es necesario reconocer para captar la esencia de la definición. Ilustraré esto con la definición de función clorofílica que aprendí de adolescente: «Síntesis de los hidratos de carbono a partir de los principios inorgánicos del aire». La única palabra «vulgar» aquí es aire. Las demás son técnicas: síntesis, hidratos de carbono, principios inorgánicos. Esto último alude a la distinción entre la química orgánica y la inorgánica, hoy día ya en desuso, pero que, de ignorarse, el concepto de «principios inorgánicos», o sea, el nitrógeno, el oxígeno y el dióxido de carbono, ha de aclararse alargando la definición. Todo ello trae de la mano el tema de los *géneros de discurso* propios de cada disciplina curricular (historia, literatura, matemáticas, ciencias de la naturaleza, etc.). Son las formas de hablar y razonar que caracterizan a una comunidad de expertos científicos. Son algo más que códigos particulares: son modalidades de discurrir, de interpretar, de argumentar, de «aprehender» lo que uno percibe o lo que uno experimenta. Afirmar que cada género de discurso estructura un área de conocimiento es casi una petición de principio: el «area de conocimiento» nace como tal a partir del discurso que atribuye significaciones peculiares a palabras del diccionario o crea otras nuevas; mediante éstas se interpretan fenómenos y son ellas las que organizan el razonamiento. En la trasmisión/adquisición del conocimiento, los géneros de discurso desempeñan un papel fundamental. «Lo que los alumnos aprenden en un área curricular determinada no es simplemente un listado de conceptos o principios sino unas formas de percibir, interpretar y razonar contenidas en el lenguaje» (Nuthall, 2000.) En consecuencia, dice este mismo autor, los alumnos se convierten en «aprendices semióticos». Aprenden un sistema de significaciones que es como la tierra madre donde germinará cada tipo de conocimiento.

Otra cuestión que hace más bien referencia a las exposiciones que ofrecen los textos (ya sean los escritos, ya sea el habla del profesor) es que *la ordenación de las palabras sugiere relaciones que restringen su significación*. Wittgenstein[3] lo explica de esta manera. *A* dice a *B*: «Enseña un juego a los niños». *B* les enseña a apostar con dados. *A* dice: «No es ése el juego que te he dicho que enseñes». *A* se refería no a cualquier juego sino a un «juego apropiado para niños» como lo sugería la vecindad de los términos «juego» y «niños» en la frase original. Obsérvese, con todo, que el matiz que adopta aquí el término juego (de niños) no

---

3. *Investigaciones filosóficas*, apartados 69 y sigs. El comentario es de Northop Frye, 1988.

proviene exclusivamente del hecho lingüístico de vecindad en la frase; más bien es ésta la que viene inducida por un propósito social.

Quiero, por último, avanzar algunas propuestas acerca de cómo el ejercicio escolar de redacción, o si se quiere una formulación más ambiciosa, la de *elaborar un discurso escrito, también contribuye a la formación del pensamiento*. Un tema que se desarrolla tiene un punto de arranque, sigue una progresión y ha de clausurarse dejando todas las ideas bien relacionadas. Dicho en otras palabras, se ha de lograr coherencia, algo muy difícil de definir pero que remite a la idea de armonía, el equilibrio entre las partes y la totalidad. Aquí las metáforas son mucho más iluminadoras: el discurso es una trama, no deben quedar hilos sueltos. El discurso es un tejido (una alfombra persa, un tapiz): los hilos alumbran figuras y éstas deben aparecer bien ubicadas, mutuamente proporcionadas, consiguiendo a la vista un sentido de equilibrio y buena distribución. El *punto de arranque* de una exposición no es cuestión trivial. En abstracto, depende del nivel de conocimiento del tema que se atribuye al destinatario del discurso, pero en el escolar depende más bien de los conocimientos «básicos» que conciernen a una temática y que el profesor (evaluador) atribuye a los alumnos. Esta noción de conocimientos básicos proviene de la analogía de «niveles de conocimiento»:[4] se conviene que por debajo de un determinado nivel no hay que detenerse en especificarlos; sólo al nivel que la comprensión del tema exigiría. Pero ¿cuál es ese nivel si el destinatario-evaluador del discurso está por encima de todos los niveles? La adecuación del discurso al nivel del alumno queda regulada intuitivamente por la noción vygotskiana de zona de desarrollo próximo. La *progresión* del discurso raramente es lineal. Las ideas al desplegarse lo hacen en abanico. Se abren avenidas de exploración que han de irse cerrando sucesivamente sin perder de vista sus posibles conexiones (algunas de éstas se descubren *en cours de route*). Los subtemas dan lugar a párrafos; cada uno es una idea suficientemente completa. Pero no siempre: a veces un párrafo requiere otro que aclara uno de sus puntos; este párrafo (o frase) subordinado aparece como una

---

4. Obsérvese una vez más que los términos «base» y «nivel» de conocimiento siguen la pauta que denunciábamos al principio: el conocimiento es una entidad material, en este caso, un edificio en construcción.

incrustación: hay entonces dos niveles de explicación paralelos y uno «queda en el aire» hasta que el otro se completa. Finalmente, el *discurso se clausura* cuando todas las ideas se muestran coordinadas o subordinadas, su sentido en aquel contexto es satisfactorio (nunca podrá ser completo) y, cuestión empírica debatible, puede extraerse del conjunto una idea-núcleo que lo sintetiza.

4. Ordenar, clasificar, jerarquizar

Los programas escolares ofrecen (dándola por sentada) una ordenación y clasificación del mundo real y del mundo del conocimiento.[5] Hay materias, objeto de aprendizaje, que son científicas; otras son literarias o humanistas, otras son artísticas, el campo de aplicación de otras es la salud, la economía, etc. No hace falta entrar en discusiones acerca de lo arbitrario de estas clasificaciones y de los inevitables solapamientos que encierran. La arquitectura ¿pertenece a las ciencias puras o a las artes, o quizás a las ciencias sociales? ¿La geografía es un disciplina humanista o científica, o es social? ¿La economía pertenece a las ciencias puras o es una ciencia social? Lo que quiero subrayar es que la visión académica nos presenta un mundo objeto de conocimiento parcelado en compartimentos estancos. Los géneros de discurso que crean los objetos de conocimiento contribuyen implícitamente a ello. La consecuencia es que el propio conocimiento aparece parcelado. Y, lo que es más discutible, un conocimiento jerarquizado en cuyo ápice está el conocimiento que cultivan las ciencias puras e ingenierías y en la base el de las artes y humanidades. Y, como es bien sabido, la metáforas espaciales arriba/abajo equivalen a más/menos en valoración social.

Otro criterio de clasificación son las polaridades. *Macro/micro*: galaxias, años luz, tiempo geológico, etc., *versus* células, átomos, partículas... *Orgánico/inorgánico*: el mundo de la vida (vegetales y animales) *versus* mundo inanimado de minerales y fenómenos naturales. *Natu-*

5. Ésta es una distinción retórica. No existe un mundo «real» diferente del mundo que nos representamos gracias al conocimiento. O, en otros términos, cualquiera que sea la realidad que nos rodea sólo la aprehendemos mediante representaciones cognoscitivas.

ral/artificial: a lo que produce la naturaleza se contrapone lo que produce el hombre gracias a sus artificios. Una variante de esta última es *naturaleza/cultura*, que pasa por alto que lo que se denomina naturaleza es una representación típicamente cultural. *Continuo/discontinuo*: depende del grado de resolución que impongamos. Recientemente se ha puesto de moda otra polaridad: *analógico/digital* que prolonga, en ciertos aspectos, la anterior.[6] *Lo simple/lo complejo*: de ello hablaré a continuación. Y otras muchas más. No es que las polaridades sean rechazables en sí. Recurrir a ellas permite examinar con nitidez dos alternativas. Pero las polaridades están contaminadas por el principio de tercero excluido: nada hay entre «es» y «no es». Invitan a omitir, como si no existieran, las gradaciones intermedias: toda la gama de grises que se dan entre el blanco y el negro.

La visión escolar acerca del mundo es que *todo está en su sitio*, bien colocado y bien controlado (por la mente, al menos...). El afán desmesurado de poner orden hace que el desorden, el caos, sea concebido como una interferencia eventual y, por supuesto, incómoda. Sin embargo, el caos en forma de fenómenos incontrolados o, quizá mejor, fenómenos cuya explicación se nos escapa, imprevisibles y generalmente nefastos, está continuamente presente en nuestro universo en forma de perturbaciones atmosféricas, brotes epidémicos, reacciones de pánico en aglomeraciones humanas, enfermedades mentales, guerras y posguerras, etc. Es más, existe hoy día una ciencia del caos emparentada con la complejidad que trata de racionalizar algo tan arraigadamente irracional como es lo caótico asumido por las creencias populares como «destino», «hado», «fatalidad», etc. Aceptar y trasmitir que no todo en el universo tiene explicación y que toda explicación es limitada es aceptar que el misterio nos rodea. En concreto, es aceptar y trasmitir que las clasificaciones, ordenaciones y jerarquías que damos por obvias son siempre provisionales.

6. Un producto digital es resultado de combinar un repertorio de signos separables. Todas las reproducciones digitales son idénticas entre sí y de acuerdo al modelo. Ejemplo: un escrito que sigue un alfabeto o una cantidad numérica expresada en el sistema decimal. En un producto analógico los signos no son separables y cada instancia es un caso singular e irrepetible. Un plato de cocina, una ejecución musical son productos analógicos.

Junto a las clases y órdenes hay que hacer mención de toda una serie de «artificios» de representación que la escuela (y la cultura) emplea a la hora de trasmitir el conocimiento. Me refiero a esquemas, gráficos, cuadros (sinópticos, a doble entrada), mapas, árboles lógicos, diagramas, etc. Vygotsky los denominaría seguramente instrumentos de mediación semiótica. No son meros instrumentos, independientes de aquello que dan a conocer. Una vez más hay que insistir en que *se ve lo que esos «artificios» dejan ver y como dejan ver*. Son conocimientos que construye el conocimiento, primero porque éste es una representación y aquéllos son representaciones para representar, y segundo porque tienen poder de convicción y se utilizan en los círculos científicos a modo de argumentación retórica.

5. De lo simple a lo complejo

En la manera de organizar la exposición de un tema o una asignatura se acepta casi como un dogma que hay que proceder de lo simple a lo complejo. Por ejemplo, para aprender a leer se comienza con la discriminación de las letras, aprendizaje del alfabeto, combinaciones de letras de pronunciación simple, etc. Lo resumimos en aquello del «b a, ba».[7] Para aprender a contar o las reglas de las cuatro operaciones, ocurre otro tanto. En la química partimos de los elementos y vamos enseñando, poco a poco, sus combinaciones hasta las más complicadas. Por ejemplo, en la química del carbono, comenzamos por los hidrocarburos, siguen los alcoholes, aldehídos, etc. Hablamos de «construir el conocimiento», esto es, comparamos el conocimiento a un edificio (¡otra vez el conocimiento aparece «sustantivado»...!). Una construcción se hace ladrillo a ladrillo, se parte de los cimientos, se procede por pisos o niveles, etc. Obsérvese que todo esto tiene su paralelo en el aprendizaje escolar. Cada materia tiene sus fundamentos, sus niveles, sus componentes. No estoy diciendo que no sea una analogía, y un método, útil y de interés; pretendo subrayar qué es lo que prevalece.

---

7. No ignoro que hay otro métodos de aprendizaje de la lectura que no son silábicos. Me refiero aquí al más socorrido.

Una de las vías de la ciencia es el análisis: la descomposición del objeto científico en sus partes más simples para luego entender cómo estas se combinan para formar lo complejo. Poco hay que objetar, desde el punto de vista pedagógico-expositivo, en contra de esta vía tradicional. Con todo, no deja de ofrecer aspectos paradójicos. El primero es que la noción de simple ha demostrado ser muy compleja. El caso más llamativo es el átomo (que significa «indivisible») y las partículas en que se ha ido descomponiendo a medida que la física ha ido avanzando. Lo cual obviamente repercute en la química y sus elementos. En otras disciplinas, por ejemplo la biología, la geografía, las ciencias sociales, la noción de simple no tiene sentido. Aunque sea lícito tratar de reconstruir las especies y su evolución a partir del ADN, el comportamiento nunca será explicado por aquí. En gran cantidad de materias, lo simple es lo que convenimos llamar así o nos facilita la reconstrucción expositiva de su temática. Un segundo punto sobre el que llamar la atención es cómo actúa la naturaleza en algo tan importante como la adquisición del lenguaje o entender la mente de las personas (teoría de la mente). No parece que nuestros niños procedan aquí de lo simple a lo complejo. Ante ellos se despliega el lenguaje en toda la complicación que ofrece el habla adulta (la que escuchan); ellos son testigos de los comportamientos más diversos en las personas que los rodean; extraen ciertas regularidades, las «procesan» y se hacen con patrones de lenguaje o patrones de conducta que resultan ser los apropiados. Nadie les ha inculcado el lenguaje hablando «simplemente»; nadie les ha enseñado cuáles deben ser sus reacciones más «simples» ante las personas.

Mi punto de insistencia consiste en que la manera de presentar un campo de conocimiento tiene mucho que ver con la manera como concebimos el conocimiento en general. Recíprocamente: puesto que concebimos el conocimiento de determinada manera, lo presentamos como lo presentamos. La fragmentación que se hace del discurso, una necesidad impuesta por la linealidad del lenguaje, no es neutral sino que influye decisivamente en la manera de captar el tema y, más allá, en la manera de organizar mentalmente los objetos de conocimiento. Esta fragmentación trae consigo, casi inevitablemente, la descomposición y la recomposición jerarquizada: «Toda una pedagogía analítica —escribe Michel Foucault (1975)— se forma minuciosamente en el detalle: descompone hasta los elementos más simples la materia de enseñanza; jerarquiza en apretados grados cada fase del progreso». El hecho de fragmentar plantea dos aspectos: uno, la distinción entre lo importante y lo secundario. O sea, los «nodos» y el «halo» (por llamarlos de alguna manera). Dos, la ligazón de lo fragmentado. O sea, la coherencia a que aspira la exposición. El camino de «lo simple a lo complejo» parece satisfacer el segundo requerimiento y aparentemente facilita el primero, pero hay alternativas. Una de ellas nos la sugiere la percepción de un cuadro o un paisaje: no vamos de los detalles al conjunto sino al revés. La coherencia la captamos a la manera de una *gestalt*. Si analógicamente el conocimiento es un cuadro y no un edificio, podríamos suponer que aparece al principio como un mosaico de colores y formas y que la tarea del sujeto cognoscente sea imponer allí una coherencia. No, desde luego, por el esfuerzo solitario de su mente (sobre todo en los comienzos) sino de la mano de quien ha sabido llegar al conocimiento de esa manera y logra hacerlo concebir así.

6. El discurso narrativo y su relación con el conocimiento

Ya he hablado en el capítulo 4, comentando a Bruner, sobre el estilo narrativo al que he calificado de «el pariente pobre» entre los estilos profesorales. Insisto en que también los textos narrativos son fuente de conocimiento. Lo son sobre todo desde el punto de vista hermenéutico, el que les permite interpretar el mundo. E iniciarse en la interpretación del mundo debe ser obra de la escuela. Hicks (citado por Nuthall, 2000) piensa que el discurso narrativo es una pieza fundamental en la configuración del razonamiento del alumno. «Las estructuras del discurso narrativo quizá sean las herramientas intelectuales esenciales con las que los niños pueden interpretar su mundo. La narración les proporciona los medios simbólicos para organizar los acontecimientos como un todo comprensible y con sentido.»

En las antípodas de la revalorización de la narrativa está su «redención pedagógica», ilustrada por la siguiente anécdota. En un parvulario, la maestra está preguntando a los nenes qué han hecho o qué han visto el fin de semana. Una niñita cuenta en su lenguaje infantil que ha encontrado en el parque una mariquita posada sobre una planta. La maestra le pide que la describa y le ayuda a ello maternalmente: cuántas patitas, cómo es su cuerpo, etc. Después de que la niña ha dado sus primeros detalles, la maestra se apoya en ello para dar una caracterización científica de lo que es un insecto: exápodo, caparazón duro, etc. (no con estas palabras pero sí las aproximadas y asequibles a la edad). O sea, la narración viene a ser un recurso pedagogicoinstruccional al servicio de una elaboración preferentemente conceptual, que es lo que vale. «Cuando los niños narran ficciones (o experiencias) están elaborando la trama y los personajes, están construyendo teorías sobre la mente, sobre situaciones cotidianas regulares y sobre mundos posibles. [...] Mediante procedimientos diversos, a veces muy sutiles, la profesora devalúa la disposición de la criatura a narrar. Ello independientemente de que el tema suponga una digresión con respecto a la actividad en curso. [...] Así, en diversos momentos en que aparece la narracción, la referencia a experiencias personales es sofocada y reorientada hacia operaciones conceptuales como definir, describir, categorizar» (De Góes). Pienso que una consecuencia de todo ello es que los alumnos universitarios en ciencias sociales aprenden teorías que están drásticamente disociadas de sus experiencias personales, por más que éstas vengan a cuento. Se resisten a reflexionar sobre ellas, a tender un puente entre la conceptualización abstracta y sus propias vivencias (su «historia»). Ya he comentado que alumnas de psicología infantil, que son a la vez madres, creen que no saben o no tienen nada que decir acerca de los niños en las clases a las que asisten. Esta separación entre conocimiento y experiencias de vida es decisiva en nuestra representación del conocimiento. En otras palabras, hay mucho conocimiento (no escolar) que no es tratado ni valorado como tal. Conocemos mucho más de lo que creemos conocer.

7. La «práctica» como conocimiento

No puedo concluir esta exposición sin comentar algo acerca del «conocimiento práctico» o «conocimiento útil». Es la expresión por antonomasia del «conocimiento producto», que mira con recelo la teoría, la especulación académica. Es la versión en marketing del viejo aforismo de Marx: «Dejémonos de contemplar el mundo, transformémoslo». No procede denunciar el contexto economicista en que corren estos aires: «los desafíos competitivos». De ello trataré más largamente en el próximo capítulo. Lo que planteo es si puede existir un conocimiento puramente útil o práctico que no venga sustentado por una teoría. Más aún, si por más útil o práctico que sea un conocimiento no es susceptible de generar más teoría (otra cosa es que lo haga...). Si es así —y creo que es así—, estamos de lleno en el «motivo» de este capítulo: el conocimiento práctico o útil es inseparable de su contrapartida teórica: «no hay nada más práctico que una buena teoría», reza un viejo adagio universitario. Ningún profesor pretenderá reducir su docencia a «recetas útiles» para resolver casos. Todo profesor que se precie de tal procederá de la teoría a la práctica o viceversa; su enseñanza tiene que tender a instruir sobre lo general sin descuidar lo particular: las aplicaciones del conocimiento de su área. El tema de fondo es: ¿consiste el conocimiento, a todos los efectos, en productos que tienen aplicación o en crear modelos mentales susceptibles de generar aplicaciones? La respuesta es que ambas cosas son inseparables. Esto puede tranquilizar a muchos académicos que piensan alarmados que el conocimiento, tal como lo concibe la universidad, pasa a manos de los «mercaderes que han invadido el templo». Pero, al mismo tiempo, les exige sacar las consecuencias en lo que respecta a la formación de los profesionales. Una de ellas es fomentar y guiar la reflexión sobre la práctica que éstos llevan o han de llevar a cabo. Concretamente, sobre las vías que han llevado de los principios teóricos a sus consecuencias más valiosas en términos de avances tecnológicos.

8. Final. Proceso y producto de conocimiento están al mismo nivel. El conocimiento se hace a sí mismo

Comencé mi exposición criticando la «cosificación» del conocimiento. Mi argumentación se ha centrado en que el conocimiento es un proceso dinámico; que no son disgregables, de hecho, el contenido del conocimiento y el proceso por el que ese contenido se asimila y expande, haciéndose más complejo. Voy a intentar reunir ahora los hilos sueltos de la trama en un intento de síntesis final.

En primer lugar, el conocimiento se expande al llegar nueva información, nuevos fenómenos que interpretar. Se produce lo que metafóricamente llamaríamos un encuentro, una inserción, fusión, etc., entre una experiencia a la que hay que dar significado y un conocimiento preexistente. Pero la ampliación del conocimiento no se realiza, como ya se ha insistido, por mera acumulación. La expansión cuantitativa es, al mismo tiempo y por fuerza, cualitativa. Es decir, requiere recursos nuevos para el tratamiento de datos, nuevos marcos interpretativos. «Integrar la experiencia en los conocimientos establecidos [...] supone resolver las contradicciones aparentes no sólo entre las partes de lo que se sabe sino también entre lo que se sabe y lo que no se sabe y lo que esto sugiere; supone crear nuevos conocimientos y, en última instancia, nuevas estructuras conceptuales allí donde las que estaban implantadas resultan incompletas, inadecuadas, contradictorias» (Nuthall, 2000). ¿Cómo se ponen a punto estas nuevas estructuras conceptuales activadoras del conocimiento-proceso? Se abre aquí un debate que aún no está resuelto en ciencia cognitiva.

Volvamos a la analogía del «conocimiento-como-red». Asimilar un nuevo conocimiento exige que la red se recomponga, por poco que sea. Cambia el estado de la red como sistema: se crean nuevas conexiones, se redistribuyen las preexistentes, se refuerzan algunas, se debilitan o se interrumpen otras. El *cambio de configuración* de la red puede tener efectos cualitativos, es decir, la aparición de nuevas propiedades en ella. Quizá sea mejor la inversa: para que una red cambie de configuración —sin verse destruida o perder propiedades esenciales a su mantenimiento— es preciso a veces que incorpore nuevas propiedades. Éstas no estaban «ahí dentro», agazapadas y prestas a salir a escena. Eran tan sólo potencialidades compatibles con la existencia y funcionamiento de la red; surgen de la conjunción entre cierto estado de ésta y un fenómeno proveniente del exterior; son operativas porque esta o estas nuevas propiedades permiten alcanzar un nuevo estado de equilibrio (superior) a la red. Esto es lo que nos lleva a aceptar, aunque parezca contraintuitivo, que todo incremento, por pequeño que sea, de conocimiento redunda simultáneamente en mayor capacidad de conocimiento. O, si se prefiere: el conocimiento se hace a sí mismo.

Si de la imagen visual de la «red» pasamos a la abstracción de la teoría de sistemas, podemos enunciar así estas propuestas. Sea el conocimiento un *sistema* de representaciones mentales dotado de una cierta configuración y una cierta coherencia (equilibrio). El sistema sufre perturbaciones en forma de nueva información, nuevos fenómenos que hay que interpretar integrándolos (analogía del encuentro, fusión etc.). El sistema pasa de un estado x a un estado x'. ¿Bajo qué condiciones x' será un estado de conocimientos más amplio, en el doble sentido de mayor coherencia y mayor capacidad de procesamiento? Sólo si la «perturbación» ha exigido un remodelación, por pequeña que sea, compatible con la existencia del sistema, una remodelación que acarrea nuevas propiedades. Éstas se traducen en mayor capacidad de procesamiento en forma de abstracciones, descubrimiento de relaciones y síntesis, generalización de clasificaciones, operaciones lógicas, etc. La imposibilidad de tratar los nuevos datos a partir de las capacidades existentes, la necesidad intrínseca al sistema de asimilarlos (llamémosle curiosidad, motivación para saber, escasa tolerancia del sistema a estados de desequilibrio como incógnitas, incertidumbres...) es lo que ha forzado la aparición de nuevas capacidades de procesamiento: se han roto los esquemas, el propio sistema ha creado otros nuevos.

Puede parecer que este planteamiento ideal no tiene en cuenta la manera en que se lleva a cabo en el sistema escolar la trasmisión/adquisición de conocimientos. Pero es sólo en apariencia. Aunque la escuela proporciona a las mentes de los niños y jóvenes una buena dosis de instrumentos (módulos de procesamiento) de manera explícita, sostengo que los más básicos —de los que trata este artículo— se trasmiten implícitamente. Además, aun en el caso de que algunos sean explícitamente enseñados, si aceptamos el modelo de trasmisión/adquisición que idealiza la figura de la página 112, hay una elaboración de que la mente no puede excusarse (bucle *c*). Muchos procedimientos explícitos, por ejemplo la formalización del álgebra, tardan en ser asimilados a otro nivel que el de rutina aplicada y puede que jamás sean plenamente comprendidos. (Depende mucho del ejercicio metacognitivo.)

Todo ello viene a decir que el conocimiento personal (elaboración en el círculo *c* del esquema de la página 112) es una «producción» que se autopropulsa y se autorregula. En otras palabras, es un fenómeno *autopoiético*. Lo que caracteriza a este tipo de fenómenos es que el producto y el proceso están al mismo nivel: el bucle que forman los hace indistinguibles.

Proceso   Producto

Cada incremento de conocimiento producto (si es que puede hablarse así) se integra al proceso y éste se transforma. En el límite no hay posibilidad de distinguir entre uno y otro. Esta incorporación de los productos de la actividad cognoscitiva al aparato cognoscente es la esencia del fenómeno autopoiético. Otra manera de expresar lo mismo es decir que *el conocimiento es la actividad de un sistema* en el cual el proceso y el producto están en el mismo nivel.

Bibliografía

Bruner, J., *Realidad mental y mundos posibles*, Barcelona, Gedisa, 1986.

Foucault, M., *Surveiller et punir*, París, Gallimard (trad. cast.: *Vigilar y castigar*, Barcelona, Círculo de lectores, 1999)

Frye, N., *El gran código*, Barcelona, Gedisa, 1988.

Karmiloff-Smith, A., *Más allá de la modularidad*, Madrid, Alianza, 1992.

Lakoff, G. y Johnson, M., *Metaphors we live by*, The University of Chicago Press, 1980.

Lozano, J., «Introducción», en Lotman, *Semiótica de la cultura*, Barcelona, Cátedra, 1979.

Nuthall, G., «El razonamiento y el aprendizaje del alumno en el aula», en B. J. Biddle, T. L. Good e I. F. Goodson, (comps.), *La enseñanza y los profesores. Tomo II*, Barcelona, Paidós, 2000.

Perinat, A., «Mitos y metáforas como formas de conocimiento y saber», en R. Rosas (comp.), *La mente reconsiderada. Homenaje a Ángel Rivière*, Santiago de Chile, Psykhe, 2001.

Ricoeur, P., *La metaphore vive*, París, Le Seuil, 1975.

Shweder, R. A., «Cultural Psychology — what is it?», en J. W. Stigler, R. A. Shweder y G. Herdt, *Cultural Psychology. Essays on Comparative Human Development*, Cambridge University Press, 1990.

Todorov, T., *Mikhaïl Bakhtine, le principe dialogique*, París, Le Seuil, 1981.

La universidad —el sistema escolar en general— tiene unas funciones clave en la sociedad. Es la depositaria del conocimiento y la garante de su trasmisión. La universidad sanciona con sus títulos y diplomas las capacidades profesionales, es la puerta de los empleos mejor remunerados y de mayor prestigio. Ha contribuido, como parte del sistema escolar, a la educación cívica, a difundir una ética del trabajo y, en la medida que su acceso se ha generalizado, a limar las diferencias sociales. La universidad —el sistema escolar— ha contribuido decisivamente a la formación del Estado democrático moderno y sigue siendo una pieza imprescindible de su funcionamiento. Como institución, está inserta en el conjunto de instituciones que componen el Estado (la política, la economía, la familia, las de bienestar social, etc.) y guarda con ellas una relación de doble dependencia: por un lado, les aporta personas capacitadas, conocimientos, tecnologías, etc., y, por otro, ha de acomodarse a sus demandas y ser sensible a sus exigencias so pena de erigirse en «torre de marfil».

La universidad vive hoy más que nunca la tensión que resulta de esta doble línea de dependencias. La razón fundamental es que los últimos años del siglo XX y el comienzo del XXI están siendo testigos de una acelerada mutación social que hemos venido en llamar «la globalización». Como todos los procesos que desencadenamos los humanos, la globalización es ambivalente: incuba amplias perspectivas de progreso a la vez que entraña devastadoras secuelas sociales. No voy a detenerme en este punto. La globalización cabalga sobre una explosión del conocimiento (sobre todo aplicado) y, desde este punto de vista, el trabajo de investigación universitario es una de sus piezas clave. Ahora bien, la universidad no es sólo un ámbito de investigación (y, menos aún, sesgado hacia la industria) sino también de docencia y formación humanas. En este otro ámbito ha desarrollado, a lo largo de siglos, sus «maneras de proceder»: *curricula*, programas, textos, exámenes, reclutamiento de profesorado, etc., aspectos que he asumido dentro del concepto amplio de *cultura docente universitaria*. Uno de los puntos en que insisto es que, así como en el avance y difusión del conocimiento la universidad está cumpliendo con la «sociedad global», en lo que respecta a su cultura docente da — al menos en nuestro país— una lamentable impresión de pesantez e incapacidad de respuesta.

En los últimos cinco años se está produciendo un intenso movimiento en pro de una reforma de la universidad. En España se han elaborado propuestas, la más seria titulada «Universidad 2000» o «Informe Bricall». En 2001, el gobierno ha entrado en liza con una serie de disposiciones que afectan particularmente al reclutamiento de profesores y régimen de gobierno universitario. Es necesario acometer una reforma de la universidad; otra cosa es hasta qué punto ésta ha de ser fruto de una decisión que «viene de arriba» y que afecta casi exclusivamente a aspectos de organización (elección de rectores, composición de claustros, habilitación de profesores...). No digo que sean nimios pero no son, seguramente, los más cruciales. Ahora llega la urgencia de incorporarnos al Espacio Europeo de Educación Superior (EEES) con el horizonte fijado en el año 2010. Se han producido y van a seguir produciéndose una serie de directrices (ministeriales u otras) que activen las reformas en pro de esta incorporación.

La reforma de la universidad debería arrancar de los propios universitarios, de sus reflexiones compartidas y su profesionalidad. De hecho, está siendo más una consecuencia de las regulaciones del Estado que de la convicción que tienen los académicos de su necesidad. Sería del todo sensato que la legislación fuera previamente consensuada con la universidad (lo cual no parece ser el caso), porque si algo tiene claro la sociología de las organizaciones es que los cambios impulsados desde lejos y desde arriba o quedan abortados o son interpretados dentro de la lógica de la institución y resultan caricaturas de cambio. Recuérdese el célebre aforismo: «Que todo cambie para que todo quede igual». Dicho lo cual, tampoco el consenso sobre la necesidad de revisar algunas prácticas universitarias (de las que se ha hablado profusamente en este libro), unido a la congruencia de prescripciones estatales que las impongan, van a conseguir forzosamente la deseada transformación. Habría que crear mediadores entre el legislador y la institución universitaria (en concreto los departamentos) de manera que las nuevas orientaciones en la docencia sean aceptadas y llevadas paulatinamente a la práctica. No es disparatado apelar a «consultores», al estilo de los especializados en el cambio y remodelación empresarial, para esta tarea.

Sea el que fuere el resultado de este proyecto (y ojalá salga adelante), no sólo hay que someter a escrutinio el quehacer de la universidad, como he venido haciendo a lo largo de las páginas anteriores, sino también las demandas de la sociedad (española, europea y, por extensión, occidental) a las cuales responden estos proyectos de actualización de la universidad. Por debajo de esas demandas, que son también metas, hay una amalgama de nuevos valores que bajo diversos ropajes y lenguaje parecen ser los imperantes en esta coyuntura de *fin de siècle*. Al menos son los más vociferados. Aun consciente del riesgo de emplear palabras «cúbrelo-todo», los voy a identificar con el término de *globalización*.

1. Conocimiento y productividad económica en la sociedad del futuro inmediato

La sociedad del futuro inmediato —la *sociedad global* para los países tecnológicamente avanzados— se nos presenta como el estadio más evolucionado de lo que, en palabras de Karl Polanyi (1997), fue «la gran transformación»: el mundo convertido en un gran mercado (un «locus» de transacciones económicas) que se autorregula. Se han abatido las fronteras que ponían coto al movimiento de capitales, se han acortado —en términos de tiempo y coste de transporte— las distancias entre los lugares de producción y consumo, no hay tiempos muertos para la instantaneidad de las comunicaciones y de la toma de decisiones. El surgimiento y expansión de las compañías transnacionales o multinacionales responde a estas premisas. La idea (o la utopía, como dicen otros) de hacer del mundo un mercado autorregulado no es, evidentemente, sólo de índole económica. Es un proyecto político[1] que tiene nombre: *neoliberalismo*; trae consigo unas funestas consecuencias sociales en cascada como lo demuestra convincentemente Polanyi (*op. cit.*) y nos es dado constatar hoy (Frade, 2000; Bauman, 1998; Beck, 1998; Stiglitz, 2002). La universidad —su ubicación en el tejido social y sus funciones— va a quedar profundamente afectada.

La primera cuestión que merece abordarse es qué relación se establece entre los conocimientos que imparte la universidad (a los que no puede negarse una proyección social) y las exigencias de una sociedad, la nuestra, en la que la actividad humana se orienta de manera obsesiva hacia la productividad económica, la creación de riqueza. La cuestión se prolonga de manera natural en el tema de las profesiones, por cuanto, en gran medida, los profesionales son universitarios.[2] Dicho más descarnadamente: ¿es la universidad la instancia adecuada para producir y difundir el conocimiento que precisa la sociedad de hoy? El universitario argumentaría sin un instante de vacilación: ¿a qué se llama «conocimiento para esta sociedad de hoy»? Los «adelantados» de la globalización tienen respuestas contundentes. No es el conocimiento (sin adjetivos) que ha venido cultivando la universidad. Se trata de un conocimiento que se define por exclusión del académico y que se traduce en «enunciados acerca del mundo», que se encamina a comprender. Hoy día se busca un conocimiento útil, gestado en la acción, orientado a «resolver problemas». Frente al contemplativo, un conocimiento operativo. «Conocimiento, investigación, disciplinas, verdad, etc., en-

1. «No se debe permitir nada que obstaculice la formación de los mercados, ni debe arbitrarse ninguna medida o política que pueda influir en el funcionamiento del mercado. No se pueden reglamentar los precios ni tampoco la oferta y la demanda. Únicamente interesan las políticas que contribuyan a asegurar la autorregulación del mercado, a crear las condiciones que hagan del mercado el único poder organizador en materia económica.» Polanyi, *op. cit.*, pág. 123.

2. Soy consciente de la vaguedad imperdonable de conceptos como «la sociedad de hoy» y «exigencias de nuestra sociedad». Aceptemos como base de discusión que existe un discurso por parte de dirigentes economicopolíticos que se arroga la representatividad y la definición de esta «sociedad de hoy». A ello me refiero.

tendidos como representaciones proposicionales acerca del mundo e iniciación de los estudiantes en una disciplina, provienen de la profesionalización académica del conocimiento. Los estudiantes se hacen con él a lo largo de un proceso de desarrollo cognitivo en el seno de una forma particular de pensamiento, de una perspectiva particular acerca del mundo. [...] La sociedad posmoderna repudia el tipo de universalismo que caracterizó el pensamiento ilustrado en la universidad. El conocimiento sustancial se coloca en el almacén como equipaje que "está de sobra". En su lugar lo que ahora se requiere son capacidades genéricas que puedan "activarse" para ser desplegadas en situaciones apremiantes» (Barnett, 1997).

En una Cumbre Europea de los Negocios (Bruselas, junio 2000) salieron a relucir quejas sobre la inadecuación del sistema educativo europeo para preparar «recursos humanos» para la industria. Un miembro de la Mesa Redonda de Empresarios Europeos expresó sin reparos su desprecio por «la cultura de pereza que persiste en el sistema educativo europeo, donde los estudiantes se toman la libertad de emprender estudios que no se relacionan directamente con la industria». Alguien llegó a sugerir que «todas las escuelas tenían que ser privatizadas para fomentar la competencia y asegurar que estuvieran sujetas a las fuerzas del mercado» (citado por Frade, 2000). «Conocimiento útil» por sus aplicaciones tecnológicas, «conocimiento privatizado», «conocimiento mercancía» (sujeto a las fuerzas del mercado), «conocimiento transferible» para ser aplicado en un mundo industrializado. Éstas son las aproximaciones innovadoras a un tema que los universitarios consideran sumamente serio: ¿qué es conocer? De todas maneras, hay en esta avalancha un trasfondo de crítica razonable (no bien equilibrada) a la labor universitaria de trasmisión del conocimiento. Comencemos por aquí.

La misión de la universidad ha sido conservar y trasmitir la «herencia del conocimiento», el legado de nuestra cultura. Hasta bien entrada la Edad Moderna, este conocimiento era el humanístico: creaba hombres de letras. La universidad fue más bien reticente, cuando no hostil, a dar cabida a las disciplinas que hoy denominamos científicas. Durante mucho tiempo tampoco consideró que fuera de su incumbencia el que sus egresados fueran «diestros profesionales». Eso era función de gremios de artesanos. Poco a poco, el Estado moderno ha ido interviniendo y estableciendo una noción de conocimiento con otra proyección para la sociedad que el humanista, y la universidad se ha visto forzada a expandir su idea del conocimiento a cultivar e impartir (Neave, 1997). Desde los comienzos del siglo XIX, el modelo de universidad alemán (Humboldt) define como tareas propias la investigación y la docencia, pero la profesionalización, *strictu sensu*, de su alumnos era un efecto no directamente buscado. Las escuelas de ingeniería asumieron, al margen de la universidad aunque paralelamente a ella, esta función. En la actualidad la universidad capacita, de manera laxa, para diversidad de profesiones; las escuelas superiores (o universidades politécnicas) encuadran de manera mucho más rígida a futuros profesionales en arquitecturas e ingenierías. Carreras de última hora como informática, biotecnología, ingeniería química y empresariales pueden tener acogida en la universidad o en las politécnicas indistintamente. Adonde quiero llegar es a reconocer que la universidad debe también hacer buenos profesionales y ello implica crear, a la vez que un discurso fundamentado sobre conocimientos disciplinares, una formación en prácticas que sirvan de plataforma de lanzamiento para el mundo del empleo. Esta última tarea dista mucho de ser fácil,[3] es más cómodo permanecer en el dominio del discurso (aunque sea actualizado). Suscribo, con algunas condiciones y reservas, lo que se expresa en la Declaración de Graz (2003): «La adecuación de la enseñanza a las necesidades del mercado laboral deberá reflejarse convenientemente en los *curricula* en función de que las competencias adquiridas estén pensadas para un empleo consecutivo al primero o segundo ciclo de enseñanza». Las condiciones las acabo de razonar; las reservas se refieren a que el mercado laboral no es el último árbitro para juzgar la idoneidad de la enseñanza.

Esta preocupación, legítima, por la «inserción laboral» de los egresados universitarios puede que esté en los orígenes de esta ofensiva con-

---

3. Formar a los alumnos «prácticamente» supone profesores dedicados casi exclusivamente a concertar pasantías de alumnos en laboratorios, gabinetes, empresas, etc., a seguir el trabajo de estos alumnos y evaluarlo. Hace falta encontrar centros dispuestos a dar formación *seria* a los aprendices, lo cual es bastante más que tenerlos allí ocupados. Es obvio que todo esto supone dotar humana y económicamente a las facultades e incentivar a las empresas.

tra el conocimiento universitario. Sin embargo, el calificativo de «útil» que se arroga tiene pretensiones excluyentes: es el único que merece el nombre de conocimiento. Algo parecido es el llamado «conocimiento gestado en la acción». La sociedad moderna plantea un gran número de problemas que hay que resolver mediante «acciones concretas»: urbanos, de delincuencia, de trasporte, turismo, emigración, creencias, etc. Y estos problemas generan conocimiento aunque, sin querer, se lo degrada llamándolo «experiencia». Está emergiendo «un nuevo modo de producir conocimiento que Gibbons denomina de nivel 2 para distinguirlo del modo tradicional, centrado en cada disciplina (nivel 1). Es un conocimiento que se produce en un contexto de aplicación; es transdisciplinar, heterogéneo, transitante y no jerárquico (se crea en la colaboración entre iguales) y no está tan fuertemente basado en lo institucional» (Coffield y Williamson, 1997). Dos comentarios salen al paso. El primero es reivindicar que entre el conocimiento gestado en la acción, el de nivel 2, y el teórico-disciplinar existe un bucle autopropulsor (un *feed forward*). El primero no puede darse sin el segundo y viceversa. Piénsese en los orígenes de la química (la alquimia) y su desarrollo; en los orígenes de la aviación y su progreso; sin la famosa invariancia de la «cantidad de movimiento» ¿qué sería de la balística interplanetaria? El conocimiento práctico, basado en la actividad, produce rutinas; sólo cuando se reflexiona sobre él irrumpe la teoría, que, como he dicho, es algo sumamente práctico. Pero no será una teoría nueva y fulgurante: será seguramente una remodelación teórica que se nutre de retazos de otras. Estas últimas tienen que preexistir en la mente. El segundo comentario es que por debajo de esta pulsión por un conocimiento operativo, impaciente por conseguir resultados inmediatos y rentables, se amaga una idea del conocimiento calcado sobre el de las ciencias duras. Es un proyecto radicalmente reduccionista. Las ciencias humanas no propenden al mismo tipo de conocimiento que las ciencias físicas, químicas o biológicas, construido en un encadenamiento lógico que va de la hipótesis a la prueba y al ajuste predictivo. Los enunciados de las ciencias humanas (historia, derecho, psicología, sociología, lenguaje, etc.) son el objeto de un diálogo «coral» entre el pasado y el presente. Aboca a un conocimiento de los hechos sociales provisional y debatible. Las «verdades» acerca de la naturaleza humana y la sociedad no son de la misma índole que las de la naturaleza *tout court*. En último análisis, puede que sea una maquiavélica conjuración la de exorcizar ese estilo de conocimiento que se traduce en sabiduría y hacer sitio al conocimiento en forma de «gestión» de lo problemático.[4] Si esta gestión da resultados aceptables, no se necesita de la teoría (aunque se apoyen en una); si no los da, tampoco: basta enderezar el rumbo o pasar a otro ensayo. Es una concepción del conocimiento práctico que recuerda a la producción en serie: detener la maquinaria es más costoso que seguir haciéndola funcionar. El culto a los resultados forma parte de la utopía tecnológica. «En toda tecnología —dice George Steiner— hay una metafísica.»

En este «movimiento telúrico» que amenaza arrumbar el conocimiento conservado y trasmitido en la institución universitaria, lo peor está por venir. El conocimiento «útil» es primordialmente un conocimiento rentable y de ahí al conocimiento privatizado sólo hay leves pasos. No es una cuestión meramente social la de privatizar la enseñanza superior, es el propio estatus del conocimiento el que queda demolido. El *valor humano* (de formación personal, simbólico) que le atribuye toda nuestra tradición cultural queda sustituido por su valor monetario; llevado al extremo *se muta en valor monetario*. Privatizar la enseñanza superior equivale, obviamente, a convertir el conocimiento en una mercancía: se expenden conocimientos a quien pueda costeárselos.[5] En la lógica del mercado autorregulador que pretende imponer la globalización, el conocimiento es una mercancía más, sujeta por tanto a una oferta y una demanda y con precio para el consumidor. Basil Bernstein, bien conocido por sus trabajos en sociolingüística, escribía poco antes de morir unas reflexiones memorables. Frente a la idea del conocimiento hu-

---

4. En este despectivo allanamiento que el *conocimiento* sufre por parte de la *gestión*, el más reciente y notabilísimo ejemplo es la actuación de Estados Unidos en Irak. Al brillante e incontestable triunfo tecnológico ha seguido un descalabro político que no puede sino atribuirse a un lamentable desconocimiento de la realidad social de Irak e imprevisión de las reacciones de la población. Del gobernador estadounidense en Irak ha dicho un comentarista que «ha actuado más como *un ejecutivo de una multinacional* que como un político a cargo de una de las tareas más difíciles y envenenadas de las relaciones internacionales en los últimos tiempos» (citado por *El País*, 29-06-04).

5. Es una incongruencia mezclar el asunto de la privatización de la enseñanza con el de los costes de la misma, dada la explosión del número de estudiantes y la insuficiencia de medios públicos para sostenerla.

manizador que promulga el humanismo renacentista y que suscribió la Ilustración «nace ahora un nuevo concepto de conocimiento y de su relación con quienes lo crean y lo usan: el conocimiento es dinero. El conocimiento se divorcia de las personas, de sus compromisos, de sus dedicaciones personales. Éstas se convierten en impedimentos, restricciones a la circulación del conocimiento, introducen deformaciones en el funcionamiento del mercado simbólico. Hacer circular el conocimiento —dicen—, incluso crearlo, no debe ser más difícil que hacer circular y regular el dinero. El conocimiento, después de casi mil años, está divorciado de la interioridad y literalmente deshumanizado» (Bernstein, 1996). Este proceso, comenta Carlos Frade (2000), «culmina en la figura del científico empresario (de biotecnología) que, al patentar sus descubrimientos, consagra definitivamente el conocimiento como propiedad individual accesible en el mercado». Tal manera de proceder ignora deliberadamente que el conocimiento actual (también el Proyecto Genoma Humano) reposa sobre un cúmulo de conocimientos que le han precedido y a los cuales el investigador ha tenido acceso totalmente gratuito.

2. El nuevo discurso sobre el conocimiento

Se ha caracterizado esta situación como un cambio de «discurso» o de «paradigma». «El nuevo discurso es esencialmente mercantil, un cálculo técnico y utilitario que conjuga la teoría económica de la oferta con una jerga industrial militar que prescinde a menudo del rigor científico. Este discurso sitúa a la empresa como la institución central de referencia de la sociedad, a la universidad como un elemento más del proceso productivo y engloba ambas dentro de un reduccionismo económico que, al tiempo que se extiende por los diferentes países, pretende trascenderlos. Que se equipare a los estudiantes con consumidores, a las universidades con "unidades de producción" o "sistemas de distribución" y al personal docente con "equipos de venta", o peor aún, con tenderos de una economía no material en la cual la educación es una mercancía —otra más— objeto de publicidad, es un ejemplo de la desacralización del conocimiento y de la cultura llevada a su cenit» (Neave, 1997).

El nuevo discurso tiene su correlato en un nuevo lenguaje, entre comercial y tecnológico. Sus palabras clave son «habilidades» (*skills*), «productos del aprendizaje» (*learning outcomes*), «información» (en lugar de conocimiento) y, sobre todo «competencia». A propósito de este último término, préstese atención a la familia de vocablos que lo «emparedan»: competir, competente, competencia, competición, competitivo...[6] El Mensaje de la Convención de Instituciones Europeas de Enseñanza Superior (Salamanca, 2001) propone que las *competencias* adquiridas estén pensadas para un empleo y que hay que desarrollar *habilidades y competencias trasversales*. La Declaración de Graz (2003) hace mención expresamente del *desafío de la competencia global*. El documento «La Universidad Autónoma de Barcelona y la creación del EEES» (2002) propugna «la adquisición de competencias que permitan al estudiante integrar e interpretar datos fundamentales para emitir juicios, poseer un talante social, científico y ético personal, comunicar la información a cualquier tipo de audiencia y adquirir las capacidades necesarias para continuar avanzando en el estudio y en la propia formación» (art. 9). ¿De qué se trata entonces? ¿De *competir* (término ubicuo pero con intensa resonancia darwinista)? ¿O de *ser competente*, de poseer ciertas capacidades? Indudablemente de ambas cosas a la vez. El doble sentido de la palabra lo permite. Pero, en lo que toca a *ser competente*, ¿hay alguna inyección de sentido nuevo que haga obsoleto el que siempre ha tenido esta palabra? Mi impresión es que no. Confróntese, si no, el desglose que hace el documento de la UAB recién citado de las competencias que hay que adquirir. Más adelante el mismo documento define así la competencia: «el conjunto de saberes técnicos, metodológicos, sociales y participativos que se ponen por obra en una situación particular y un momento particular». *Nihil novum sub sole!* Toda esta barahúnda sobre la «adquisición de competencias» no hace más que replicar, con otra palabra, lo que hasta aquí hemos venido llamando *conocimiento*. Concretamente, un conocimiento reflexivo y me-

---

6. El diccionario de Corominas dice: «Competir = contender aspirando a una misma cosa». Del latín *compètere*, «ir al encuentro una cosa de otra», «pedir en competencia», «ser adecuado, pertenecer» (derivado de «petere»: «dirigirse a, pedir»). Tiene el mismo origen que competer = incumbir.

tacognitivo, como se infiere de los aspectos que debe abarcar y que aparecen explicitados: «interpretar», «talante social», comunicación», «motivación para avanzar»...[7]

No obstante, como reconoce Barnett (1997), la competencia que proclaman las voces extraacadémicas persigue un operacionalismo a ultranza. He aquí, según él, las dos versiones rivales de la competencia:

	Competencia operacional	Competencia académica
1. Epistemología	Knowing how	Knowing that
2. Situaciones	Definidas pragmáticamente	Las define el campo intelectual
3. Foco	Resultados	Proposiciones
4. Transferibilidad	Metaoperaciones	Metacognición
5. Aprendizaje	Por la experiencia	Proposicional
6. Comunicación	Estratégica	Disciplinar
7. Evaluación	Económica	Criterios de verdad
8. Orientación en valores	Supervivencia económica	Coherencia disciplinar
9. Condiciones de contorno	Normas de la organización	Normas del dominio intelectual.
10. Crítica	Para mayor efectividad	Para mayor comprensión

La columna de la izquierda (la de la competencia operacional) no es un listado meramente ilustrativo. Sus elementos impregnan profundamente la sociedad. Constituyen, sin ir más lejos, la base de la actuación de los políticos en las más diversas circunstancias, nacionales e internacionales. Lo cual, en la medida en que los políticos han pasado por la universidad, debe hacer pensar a ésta acerca de cuál ha sido su influencia o qué tipo de competencia (operacional o académica) cultiva en los estudiantes.

7. Muy recientemente el Instituto para el desarrollo de la Enseñanza Superior de la UAB, una instancia creada dentro de la Universdiad Autónoma de Barcelona para planificar y conducir los cambios que supone el EEES, ha hecho una ampliación comentada del tema de la competencia. Forma parte del ser competente no sólo *saber* (conocimiento) sino también *saber hacer* (conocimiento práctico) y *saber ser* (actitudes profesionales con prolongaciones éticas).

Otro de los términos del nuevo vocabulario es el de *transferencia* o *transferibilidad*.[8] Tiene, obviamente connotaciones políticas en el contexto de un Espacio Europeo no sólo de educación superior, sino de ejercicio profesional. Pero, más allá de esto, viene a ser una reinterpretación (y ésta sí que es innovadora) de la idea de *conocimiento universal* que sustenta la academia. Los estudiantes hasta el momento adquieren sus conocimientos en el seno de una disciplina. Bruner, citado en el capítulo 4, decía: «el *curriculum* es una conversación particular acerca del mundo». Pero su virtud es la búsqueda de universales en forma de proposiciones generales o de ecuaciones, incluso a través de imágenes. La transferibilidad es posible entre disciplinas y el recurso a las analogías lo prueba bien.[9] Sea lo que fuere sobre esta cuestión (muy académica), la universalidad y la transferibilidad tienen ahora otro sentido porque ambos términos se han fundido: lo universal es lo transferible. «El énfasis se pone en campos tales como la informática, la biotecnología, la investigación médica, la biología, la tecnología y la ingeniería así como en las diversas esferas intermedias que comparten un vínculo cognitivo con aquéllas. Es evidente que esos campos son canales esenciales para la transferencia y aplicación a la producción de conocimientos científicos fundamentales. Son vitales para mantener la salud económica del país y disciplinas líderes de su viabilidad competitiva. Se trata de esferas de competencia independientes de particularidades territoriales; están firmemente ancladas

8. La idea de la transferencia tiene sentido en un espacio europeo en el que el ejercicio profesional se trasnacionaliza. Llama la atención, sin embargo, que el Real Decreto 1.125/2003, por el que se establece el sistema europeo de créditos, hable de «transparencia y armonización de las enseñanzas de los Estados de la UE». Uno tiene la impresión de que han escrito «transparencia» por «transferencia». ¿Un error de imprenta (o de redacción)? Porque ¿qué sentido tiene que las enseñanzas sean «transparentes»?

9. Es oportuno indagar si es incompatible la *deep insertion* en una disciplina particular con unos módulos de conocimiento universales. Hoy día la psicología cultural sostiene que «aprender a pensar» se realiza en cada subcultura. De aquí a extrapolar que éstas sean impermeables e impermeabilizadoras hay un abismo. El debate hay, pues, que formularlo así: ¿hay a través de las formas específicas de pensar de cada disciplina (física, biología, informática, historia, filosofía, psicología…) acceso a universalidades en las formas de pensar? Otra cosa es que las ciencias duras y las humanísticas tengan sendos conceptos de verdad difícilmente conciliables: la verdad de la deducción lógica y confirmada experimentalmente (con pretensiones de eternidad) frente a la noción hermenéutica de verdad construida y consensuada en el diálogo, instalada en la provisionalidad.

en la red internacional de producción» (Neave, 1997). Con ello volvemos al punto de partida: la transferibilidad es deseable en la perspectiva de la transnacionalidad a que apunta la Unión Europea.

¿Adónde conduce todo este torbellino de ideas entrecruzadas y de nuevas metas para la enseñanza universitaria? ¿En qué medida debe la universidad acogerlas e imprimir otros rumbos a su función docente? Creo haber adoptado una posición poco equívoca. La universidad debe hacer buenos profesionales y para ello debe conjugar la teoría con la práctica. Debe poblar las mentes de conocimientos pero, sobre todo, fomentar la capacidad de reflexión y de crítica. Porque —y ésta es la postrera cuestión y la más inquietante— ni la epistemología tradicional ni la «nueva» epistemología son adecuadas para el mundo de hoy. Lo argumenta brillantemente Barnett (1997): «El principal desafío del mundo no es el cambio (de ahí que se piense que la adaptación y la transferibilidad sean el remedio). El gran problema del mundo de hoy es que nos es desconocido. El grandioso proyecto universitario se basa en la premisa de que el mundo es cognoscible; si el mundo rehuye esta cognoscibilidad, la universidad tiene que reconsiderar su papel». Los grandes enigmas del mundo de hoy no son cómo llegar a un planeta lejano ni resolver el último teorema de Fermat ni, incluso, descifrar el genoma humano. Los problemas de hoy son los que caracterizan a la «sociedad del riesgo»: las secuelas de haber descifrado el genoma, las enfermedades de origen desconocido, los efectos secundarios imprevistos de fármacos, las consecuencias inimaginables de un «efecto dominó» ecológico, las creencias que desatan guerras y el exterminio de poblaciones, etc. La nueva epistemología, la de la eficiencia a plazo inmediato (los «resultados») está aún más desprovista de ideas para abordar estos problemas. Es una irresponsable *fuite en avant*.

3. ¿Sociedad del conocimiento o sociedad de la información?

Las dos expresiones suelen darse como intercambiables pero distan mucho de serlo. El conocimiento requiere de la información pero *no es la* información. El conocimiento está —por decirlo así— *dentro* de la mente; es fruto de una elaboración personal costosa e inacabable. La información está *ahí fuera*: en los discursos, libros, enclopedias, audiovisuales, Internet, etc. Es accesible inmediatamente gracias a las nuevas tecnologías, pero hoy día se ha hecho profusa, tumultuosa, dispersa. Al proceder de múltiples fuentes, hay que seleccionarla, sistematizarla, elaborarla, convertirla en un «texto» dentro de la mente. La paradoja es que, sólo a partir de un cierto nivel de conocimiento organizado es posible poner orden en el caos acumulativo de la información, es decir, generar más conocimiento. Justamente la tradición universitaria, al crear lo que Zabalza (1995) denomina «nichos doctrinales», ha deparado una estructuración teórica, «hilos conductores». Podemos adquirir muchos conocimientos y nuevos con la condición de que elaboremos la información introduciendo clasificaciones, jerarquizaciones, disjunciones y niveles de complejidad. Pero alguien ha de proveer a la mente de criterios para estas operaciones lógicas. Criterios generales que luego cada uno puede aplicar de manera dúctil e innovadora. Descubrimos aquí que la institución escolar, en todos sus niveles, provee de manera implícita de una estructura de organización del conocimiento. No por muy discutible deja de ser una valiosa aportación de su cultura.

Pero el sistema escolar debe ir más lejos de proveer a las mentes de los estudiantes de una arquitectura soporte del conocimiento, como lo es el *curriculum*. El sistema escolar debe cabalgar decididamente en la ola de la sociedad de la información para sacar partido de sus potencialidades. No debe ni ignorar ni minusvalorar las informaciones fragmentadas, dislocadas, a que tienen acceso los alumnos, particularmente en Internet. Ha de intervenir, aprovechándose y apropiándose de ellas para sus tareas formativas, lo que vulgarmente se conoce como «traer el agua a su molino». Los conocimientos típicamente escolares pueden ser no sólo enriquecidos sino revalorizados a los ojos de los alumnos en la medida en que otras fuentes convergen (coinciden, iluminan, matizan, amplían...) en lo que se explica en la clase dentro de un programa docente. La discusión puede ser entonces apasionante porque son otras voces que la del maestro las que apoyan las opiniones de los alumnos. Si éstos muestran, en algunos temas, conocimientos más amplios que los que les son trasmitidos, ha de dárseles el debido reconocimiento. En un segundo tiempo, cuando los niños y jóvenes se convierten en «navegantes» (¡cada día más temprano!) no bastará que los profesores aprecien lo que aprenden por su valor de enriquecimiento del programa escolar. Habrá que lanzarse a colaborar con ellos en la creación de conocimiento a partir de sus centros de interés, aunque éstos no sean los típicamente escolares. Es la tarea de enseñarles a «poner orden en el caos» de que hemos hablado hace un momento.

Toda esta tupida selva de datos y profusión de lugares que los jóvenes se lanzan a explorar como nuevos «conquistadores» se va convertir en breve en una instancia fuertemente competidora de los aprendizajes escolares. Entre otras razones por las dos siguientes. Porque la curiosidad y el «arte de navegar» tienen una motivación intrínseca y van a depararles unas satisfacciones momentáneas que sustituirán a las que promete el sistema escolar como fruto de un esfuerzo duradero y sostenido (el que exige el *curriculum*). Y también porque la información puede ser compartida por los navegantes y puede ser reconstruida en conocimiento (o pseudoconocimiento) por ellos mismos sin que sientan la necesidad de que el profesor intervenga o quizá rechazando esa intervención: es un conocimiento conquistado por ellos. En más de un lugar de este libro he criticado la casi nula cooperación en pro del conocimiento entre compañeros de la clase (cooperación, se entiende, permitida o fomentada por la institución escolar; la cooperación «ilegal» existe de múltiples maneras); ahora asoma por vías extraescolares y coge a la institución desprevenida.

La idea de un conocimiento gestado en la participación es otro de los leitmotiv de la sociedad del conocimiento (o de la información). La oportunidad de la difusión del conocimiento puede convertirse en la oportunidad de crear más conocimiento mediante intercambios, discusiones, críticas, ideas nuevas que se ponen en circulación. «El ideal movilizador de la informática no es ya la inteligencia artificial —dice P. Levy— sino la sinergia de competencias intelectuales [...] independientemente de su diversidad cualitativa y del lugar en que se hallen ubicadas. Los medios tecnológicos ya no se conciben como simples objetos sino como lugares sociales donde se intercambian discursos simbólicos, interpretaciones acerca del mundo que pueden ser científicas o pueden ser creencias, narraciones y conjuros» (Levy, 1997). Sin ir más lejos, cada día son más frecuentes los proyectos de investigación que llevan a cabo equipos cuyos miembros viven y trabajan a distancia pero intercambiando en tiempo real.

Se han puesto de moda expresiones como «inteligencia colectiva» o «distribuida» que aluden a esta ubicuidad y accesibilidad de la información. Es un panorama optimista pero tiene algunas sombras. Una que salta a la vista es que el acceso a este acervo de conocimientos está supeditado a un mínimum de desarrollo tecnológico. Más de la mitad del globo carece de él. Los escogidos para participar en el «festín celestial» vamos a ser los de siempre... Si la inteligencia colectiva ha de ser (casi) exclusivamente occidental se apagarán las luces de la sabiduría oriental o de la africana o la de otros pueblos, lo cual es dramático. En segundo lugar, gran parte del llamado conocimiento importante circula restringidamente, está en manos de grupos con fuertes intereses económicos y/o políticos. «Hay ciertamente una cultura multiplicada, interactuante, globalizada pero, a la vez, solitaria e individualista» (Himmelstein, 2000). *Last but not least*, ¿es fiable toda la información al alcance? ¿No puede aventurarse que así como hay quien se dedica a lanzar virus a la red, puede haber quien contamine la información? Ya se hace en el dominio de la política. ¿No puede extenderse a otros aparentemente más inocuos? A pesar de estas salvedades, hay que hacer un esfuerzo por lograr el ideal de una inteligencia colectiva, que yo preferiría denominar *inteligencia cooperativa*. El sistema escolar ya desde sus principios y progresivamente debe abrirse a esta nueva visión del acceso al saber.

4. Conocimientos (universitarios), desarrollo económico y empleo

Durante mucho tiempo se ha manejado el principio, al parecer incontrovertible, de que si se quiere impulsar el desarrollo económico de una nación hay que crear una élite de profesionales, elevar el nivel de exigencia de las carreras (particularmente las de perfil técnico) y diversificar las especialidades. La opinión más generalizada entre los sociólogos y economistas de la educación es que se ha exagerado la magnitud de la correlación entre calidad y niveles de estudio, número de titulados superiores y progreso económico nacional. Víctor Pérez Díaz (2001) cita los estudios de unos economistas ingleses de corte (neo) liberal que muestran que los estudios universitarios tienen más rentabilidad individual que social, que muchos titulados universitarios apenas hacen uso de sus conocimientos en la vida profesional y que empleos que les estarían destinados son desempeñados por personas sin título. En la misma línea, Coffield y Williamson (1997) subrayan que la industrialización, después del auge que ha tenido a lo largo de dos siglos, ya no es hoy capaz de crear empleo. La fuente actual de empleo está en la alta tecnología con sus innovaciones; allí es adonde se encaminan las inversiones. Por lo tanto el desempleo va a continuar siendo crónico pese a todas las promesas de los políticos que prometen un pleno empleo a sus ciudadanos mientras las multinacionales cogen sus maletas a la búsqueda de mano de obra más barata donde sea. A menos que el Estado invierta decididamente en la innovación industrial y tecnológica. Estos autores citan la descarnada frase que un colega dedica a los estudiantes encandilados con la (soñada) oportunidad de un empleo: «¡Dejemos que se nutran de habilidades!» (*Let them eat skills!*). Y apostillan: «Lo que faltan son empleos decentes, no trabajadores preparados. [....] La mayor parte de los nuevos trabajos son temporales, mal pagados, en el sector servicios y que requieren unas mínimas habilidades. El resultado va a ser una élite altamente cualificada y un creciente ejército de semi-preparados (en el mejor de los casos) y desechables».[10]

Puede que la correlación entre número de titulados superiores y progreso económico tenga menos peso de lo que suele pensarse, al menos en los países tecnológicamente avanzados. Hay un buen número de variables que la perturban. Tres hay que mencionar: la inflación de titulaciones, los avatares del mercado ocupacional y las transformaciones tecnológicas. El primero viene a decir que, a partir de un nivel de desarrollo apreciable, no porque crezca el número de titulados superiores (o

---

10. En España nueve de cada diez titulados universitarios del año 2000 tiene ya empleo, y un tercio de ellos desempeña un trabajo que considera inferior a su capacitación. (Encuesta realizada por la Agencia Nacional de Evaluación de la Calidad y Acreditación [ANECA] a finales de 2003. Resultados aún no definitivos, según *El País* del 22 de enero de 2004.)

su equivalente: una fuerte expansión de la enseñanza superior), la productividad económica va a aumentar correlativamente. Aparte de que existe inexorablemente un desfase entre la capacitación profesional y las demandas de los inversores para determinada actividad, tambien sucede que, cuanto mayor es el número de titulados o aspirantes a titulación, aparecen más obstáculos para traducir esas titulaciones en empleos. Estas barreras puede ser «condicionantes sociales»: la red de influencias familiares, haber cursado posgrados que exigen un fuerte desembolso, desajuste entre el perfil de personalidad requerido por las empresas y el que ofrecen los aspirantes, etc. Concretamente, en España ha habido en los últimos años un *boom* de titulados universitarios, muchos de los cuales están trabajando (cuando lo están) a niveles inferiores de lo que corresponde a su formación (subempleo). Se ha dado un típico proceso de causalidad circular: el desarrollo económico ha auspiciado el número creciente de universitarios porque las clases ascendentes tratan de asegurar el porvenir de sus hijos dotándoles de un título; recíprocamente, el mayor número de titulados que pone a disposición de las empresas un capital humano redunda en el progreso económico general. Invertir en educación es condición necesaria pero no suficiente para mantener la prosperidad económica o ascender en la escala social. Añadiré una nota que apoya la cautela con que ha de interpretarse la relación entre productividad económica y nivel de educación: en nuestro país, a partir de la década de 1980, se han multiplicado desaforadamente las universidades. No voy a entrar en las razones de ello. Sí confieso mis profundas dudas sobre la calidad de la formación que en muchas de ellas se imparte porque, entre otras cosas, un cuerpo profesoral universitario no se improvisa de la noche a la mañana.

La segunda razón por la que la extensión y calidad de la educación, medida por el número de titulados, no tiene un impacto tan directo como se cree sobre la productividad es la rapidez de las transformaciones tecnológicas. La puesta a punto de un mercado autorregulado a nivel mundial ha exacerbado la competitividad y el logro de beneficios por parte de los actores económicos. Una manera de conseguir esto último son las políticas de recorte de gastos. Lo cual se consigue mediante una serie de medidas articuladas: subcontratación de producción o montaje en países de mano de obra barata y reducción de personal en los antiguos lugares de producción. Consiguientemente, las empresas de los países europeos reducen su tamaño, en espacios, en maquinaria y en personal, quedándose en sede de decisiones e innovación. Ello va complementado por la utilización de un personal altamente cualificado: mentes creativas, flexibles ante trabajos de diversa índole, capaces de tratar con eficiencia gran cantidad de información, de trabajar en equipos por proyectos, etc. La mentalidad y organización burocrática que hasta ahora orientaba las líneas de actuación de las empresas ha quedado obsoleta. Todo ello constituye la moda del llamado «paradigma flexible» cuyo vocabulario se alimenta de términos como redes, equipos, «empoderamiento», liderazgo, empresas personalizadas, subcontratas, etc. «Al perder pesantez las organizaciones no sólo tienen la oportunidad de invertir fuertemente en nuevas tecnologías sino que se han visto impulsadas a repensar y reestructurar sus sistemas de reclutamiento, sus comunicaciones, sus sistemas de promoción y recompensa, así como los grados y jerarquías de la organización» (Brown, Halsey, Lauder y Wells 1997). Aunque este llamado «paradigma flexible» está aún lejos de generalizarse, cunde la impresión de que el mundo empresarial (europeo, español) ha de ir reestructurándose en esa dirección. El «paradigma flexible» se nutre de una nueva ola de profesionales a quienes se exige otra mentalidad, diferente a la tradicional burocrática, para abordar su faena. El ejercicio de una profesión burocratizada se traduce en la incapacidad de innovar, crear, improvisar, buscar alternativas, etc., cualidades que están en la lista de las promovibles y exigibles al ejecutivo «flexible». No sólo eso: «Los empresarios ponen énfasis en la necesidad de que los empleados posean buenas cualidades personales y de relación social, junto con un cierto "saber hacer" disponible en la práctica. Existe la expectativa, al menos en relación con los altos ejecutivos, de que sean aptos para trabajar en un entorno caracterizado por un cambio rápido, que más que seguir las reglas sepan inventárselas, dúctiles para trabajar en equipo y conseguir una buena "química personal" con los otros participantes en la organización» (Brown, Halsey, Lauder y Wells, 1997). Todo este bagaje, dicho sea de paso, es más propio de una formación humanística que no estrictamente tecnológica. Por otra parte, no es oro todo lo que reluce en el «paradigma flexible»: la inseguridad en el empleo, la ansiedad de tener que mostrarse el mejor, la competición sorda o abierta (pese a los elogios del trabajo en equipo) y otras circunstancias son el contrapunto a esta visión idealizada que se ofrece a la nueva generación «nacida para triunfar».

Los retos son evidentes. ¿Cuál va a ser la respuesta del sistema educativo, en los grados medio y superior, a esta coyuntura? Las demandas de capacitación humana que la sociedad actual plantea podemos representárnoslas mediante un doble juego de polaridades: formación *generalista* versus *especializada* y mentalidad *creativa* versus *burocrática*. En realidad, más que polos contrapuestos son ejes a lo largo de los cuales existen muchos grados intermedios. En relación con el primero —formación general de alto nivel frente a otra estrechamente especializada— persiste un intenso debate, entre otras cosas porque los conceptos «general» y «especial» son bastante inconcretos y no excluyentes cuando se desciende a la arena de las actividades profesionales. La idea que predomina es que una formación de cariz generalista proporciona ventajas en una situación de rápidas mutaciones tecnológicas y de organización. Los especialistas, necesarios en actuaciones puntuales y a veces delicadas, pueden verse sobrepasados por los cambios acelerados en las técnicas de su especialidad. La cuestión de especialistas *versus* generalistas hay que abordarla asimismo desde el ángulo psicológico, es decir, de la tipología de la inteligencia. Quiero con ello decir que tiene mucho que ver con estilos de pensar: gusto por el detalle o por las panorámicas, pensamiento unidimensional frente a pensamiento en red, «llegar al fondo» o «atar muchos cabos», etc. Asimismo entran en liza cualidades personales de constancia, tenacidad, claridad de objetivos, minuciosidad en los especialistas frente a versatilidad, gusto por la variación, curiosidad exploratoria en los generalistas. El sistema educativo ha de tener presente estas alternativas; no parece factible una formación explícita en cada una, ni siquiera dar orientaciones generales. Mi impresión es que las mentes universitarias van descubriendo sus inclinaciones y compromisos en contacto personal con profesores que se alinean en uno u otro de los bandos.

El segundo eje —el de la mentalidad creativa *versus* la burocrática— parece más claro tanto en lo que respecta a las demandas del mercado de empleo actual como en el panorama que ofrece la cultura del sistema escolar. Las demandas —repito— están a favor de mentalidades creativas, innovadoras, dúctiles, «camaleónicas» si se quiere. El punto de referencia clásico de la personalidad burocrática y su antítesis, la personalidad carismática, está en Max Weber. No hace falta explicitar que hoy día el «carisma» se traduce en todo eso que hemos venido denominando creatividad, innovación, flexibilidad ante las reglas y demás. He aquí lo que una voz autorizada opina sobre el tema: «Muchas de las características que Max Weber asocia a la personalidad carismática están entrando a formar parte de la cambiante ideología que se plasma en el control simbólico de las organizaciones "flexibles" en el intento de resolver sus problemas de organización y control. La retórica de la personalidad carismática se expresa en los términos siguientes: personas que rompen con los comportamientos rutinarios y de seguimiento estricto de la regla; personas a cuya capacidad de decisión, impulsos y fuerza interior se da más valor que a su conformidad a los controles burocráticos externos; personas que alcanzan reconocimiento, autoridad y legitimidad, que son recompensadas por su valía personal y no por su posición en la jerarquía de la organización. En síntesis, la personalidad carismática, en contraste con la burocrática, establece relaciones personalizadas con los colegas, asume la necesidad de compatibilidad mutua y de adquisición de conocimientos expertos» (Brown, 1997). No hay que hacer un esfuerzo sobrehumano de imaginación para predecir cuál va a ser el historial de un «alumno carismático» dentro de nuestro sistema escolar. Ni tampoco hay que ser tremendamente perspicaz para constatar que la pesantez de éste, al menos en su versión actual, no fomenta las personalidades carismáticas. Sin que, por supuesto, sirva la excusa de que mucha de la exaltación que las organizaciones flexibles hacen del carisma y del carismático es, como antes se dijo, pura retórica.

5. Conclusión

¿Qué significa «repensar la universidad» en estas circunstancias? A lo largo de los diferentes capítulos de este libro se ha abogado por una renovación en la manera de impartir la formación universitaria. Los profesores —los representantes de la institución— debemos convencernos de que aunque tengamos aún una cierta primacía en la *trasmisión* del conocimiento, no la tenemos ciertamente en la *creación* de conocimiento. Existen hoy multitud de centros no estrictamente universitarios (aunque se nutran de egresados de la universidad) donde se producen conocimientos nuevos en ambitos científicos, tecnológicos y culturales. Pero sigo pensando que, a un nivel propedéutico, la formación de la universidad sigue teniendo vigencia: en la manera de enseñar a pensar, en la manera de abordar intelectualmente los problemas y humanísticamente, cuando éstos son sociales, en inculcar una «ética del conocimiento» (Perinat, 2002).

El mundo de hoy, decíamos líneas arriba, no sólo es irreconocible para quienes están en su madurez avanzada sino que dudamos seriamente que sea aprehensible por nuestros esquemas de conocimiento. Un filósofo de la ciencia (Rescher) ha lanzado la idea de que la culminación de la ciencia es un sinsentido, que la naturaleza jamás nos desvelará sus últimos secretos (no hay secretos últimos, definitivos). Y remata esta opinión con una auténtica paradoja: «Si no tuviéramos que vivir nuestras vidas en medio de una neblina de incertidumbres que atañen a cuestiones cruciales para nosotros, no sería el nuestro un modo de existencia humano. Nos convertiríamos en seres de otra naturaleza, quizás angélicos, quizás autómatas, pero ciertamente no humanos» (citado por Shattuck, 1998). Pero no sólo hay cosas que no podemos conocer. Hay cosas que *no debemos* conocer: «Hay conocimiento que es sencillamente peligroso; no porque su posesión sea mala en abstracto sino porque es la índole de cosa con la que no estamos bien equipados para enfrentarnos los seres humanos» (*ibid.*). George Steiner, en las páginas finales de su *Castillo de Barba Azul* (2001)*,* ya lo había advertido: «Nosotros abrimos las sucesivas puertas del castillo de Barba Azul [...]. La verdadera cuestión es la de decidir si deberían desarrollarse ciertas líneas importantes de indagación, si la sociedad y el intelecto humano en su actual nivel de evolución pueden sobrevivir a las siguientes verdades. Bien pudiera ser que la puerta siguiente se abriera a realidades ontológicamente opuestas a nuestra cordura y a nuestras limitadas reservas morales».

Se exige una educación superior que alimente las capacidades personales, cognoscitivas y sociales exigidas para el mundo moderno. Pero nuestro mundo es cambiante, de una complejidad pasmosa, repleto de incertidumbres y, en último extremo (si suscribimos la opinión de Rescher), incognoscible. Ni la noción tradicional de competencia es adecuada ni, menos aún, la que pretende imponer la «epistemología» de aires empresariales. «Quizá la educación superior debe promover *otras* formas superiores de competencia. Se necesitan metaaptitudes, es decir, hay que cultivar "aptitudes para cultivar aptitudes", hay que promover la habilidad de desplegar habilidades. Hemos de aprender, individual y colectivamente, a manejar los cambios, a prever multiplicidad de consecuencias, a vivir en medio del conflicto y la incertidumbre» (Barnett, 1997). En el fondo este programa es supradisciplinar: puede tener como escenario las ciencias puras y aplicadas y las humanidades, unas y otras en cualesquiera de sus ramas. Quizá la educación superior deba reafirmar esta forma de humanismo más centrado en el *homo sapiens* que en el *homo habilis*.

Bibliografía

Barnett, R., «Beyond competence», en F. Coffield y B. Williamson (comps.), *Repositioning Higher Education*, Open University Press, 1997.

Bauman, Z., *Globalization. The human consequences*, Cambridge, Polity Press, 1998.

Beck, U., *¿Qué es la globalización?*, Barcelona, Paidós, 1998.

Bernstein, B., «Thougts on the trivium and the quadrivium: the divorce of knowledge from the knowler», en *Pedagogy, Symbolic Control and Identity,* Londres, Taylor and Francis, 1996.

Brown, P., «Cultural capital and social exclusion: some observations on recent trends in education, employment and the labour market», en A. H. Halsey y otros (comps.), *Education, Culture, Economy and Society*, Oxford University Press, 1997.

Brown, P., A. H., Halsey, H. Lauder y A. Stuart Wells, «The transformation of education and society: An introduction», en A. H. Halsey, H. Lauder, P. Brown y A. Stuart Wells (comps.), *Education, Culture, Economy and Society*, Oxford University Press, 1997.

Coffield, F. y B. Williamson, «The challenges facing higher education», en F. Coffield y B. Williamson (comps.), *Repositioning Higher Education*, Open University Press, 1997.

Frade, C., Conferencia inaugural del curso de doctorado de 2000, UAB, Departamento de Psicología Básica, Evolutiva y Educación.

Himmelstein, F., «Internet desde la perspectiva del caos», *Signo y pensamiento*, n° 36 (XIX), Universidad Javeriana de Bogotá, 2000.

Levy, P., «Educación y formación: nuevas tecnologías e inteligencia colectiva», *Perspectivas*, vol XXVII, n° 2, junio de 1997.

Neave, G., *Educación superior: historia y política*, Barcelona, Gedisa, 1997.

Pérez Díaz, V., *Educación superior y futuro de España*, Madrid, Fundación Santillana, 2001.

Perinat, A., «Por una ética del conocimiento», conferencia impartida en la Facultad de Psicología, Universidad Autónoma de Barcelona, septiembre de 2002.

Polanyi, K. (1945), *La gran transformación*, Madrid, Ediciones de la Piqueta, 1997.

Shattuck, R., *Conocimiento prohibido*, Madrid, Santillana Ediciones, 1998.

Steiner, G. (1971), *En el castillo de Barba Azul*, Barcelona, Gedisa, 2001.

Stiglitz, J., *El malestar de la globalización*, Madrid, Taurus, 2002.

Zabalza, M. A., «La enseñanza universitaria: roles, funciones y características», seminario sobre formación y evaluación del profesorado universitario, Huelva, ICE, 1995.